365 Gründe, glücklich zu sein

Rita Peter

365 Gründe, glücklich zu sein

PATTLOCH

EINLEITUNG

Jeden Tag glücklich zu sein. Welch eine Vorstellung!
Tag für Tag ein erfülltes, reiches und sinnvolles,
ein leichtes und angenehmes, eben ein gutes Leben zu führen.
Soll der uralte Menscheitstraum vom Glück tatsächlich
im Alltag erfüllbar sein?
„Gebt mir ein Stück Brot und ein wenig Wasser,
und ich werde Jupiter im Glück gleichkommen“,
soll Epikur, der griechische Philosoph des Glücks, vor mehr
als 2000 Jahren gesagt haben.

Dieser Satz gilt auch noch heute:
Nicht die großen Ereignisse des Lebens, nicht Reichtum,
Herkunft oder Bildung machen glücklich –
obwohl natürlich all diese Faktoren das Leben
angenehm gestalten können.
Glücklich ist, wer genießen und staunen,
wer sich am Leben freuen kann, wer den Augenblick
auskostet und den Blick frei hat für die wunderbaren
Kleinigkeiten des Alltags. Glücklich ist auch,
wer aus seinen Misserfolgen, die nun mal zu
jedem Leben gehören, positive Erfahrungen ziehen kann,

wer dadurch reifer und gelassener wird.
Dieses Buch richtet den Blick auf das kleine
ursprüngliche Glück und die alltäglichen Geschenke des
Lebens. Tag für Tag will es Impulse geben,
die Dinge auch von ihrer positiven Seite zu sehen.
Es will an Einsichten erinnern, die jeder hat,
aber immer wieder vergisst. Und es will auf einfache Schritte
zum Glück hinweisen, denn:
Glück ist nicht nur Glückssache!

Ich wünsche Ihnen ein glückliches, ein erfülltes Jahr.

1.

Glück gibt es nur, wenn wir vom Morgen nichts verlangen und vom Heute dankbar annehmen, was es bringt, die Zauberstunde kommt doch immer wieder.

Hermann Hesse

Ein neues Jahr beginnt. Vertrauensvoll blicke ich auf das, was kommt – Tag für Tag und ganz besonders heute.

2.

Heute gönne ich mir eine Stunde Zeit nur für mich. Im Kerzenlicht sitze ich ungestört auf dem Sofa und lasse meine Gedanken schweifen.

JANUAR

3.

Alltägliches kann erfüllend und befriedigend sein. Alles, was ich heute mache, will ich bewusst und gerne in Angriff nehmen.

4.

Egal wie das Wetter ist – heute mache ich einen Spaziergang in der Natur. Ich freue mich, dass meine Beine mich tragen und spüre, wie die kalte Winterluft meine Sinne belebt.

5.

Dinge anpacken macht mich zufrieden. Heute erledige ich eine Aufgabe, die ich schon seit langem vor mir her schiebe.

JANUAR

6.

Jede Erfahrung hat ihre positiven Seite. Heute suche ich in allem und jedem nach dem Positiven. Denn alles, was geschieht, hat einen Sinn. Es lehrt mich etwas und bereichert mein Leben.

7.

Auch wenn heute ein ganz gewöhnlicher Tag ist,
kleide ich mich schick und genieße meine Ausstrahlung.

8.

Möglicherweise fällt es mir schwer. Trotzdem sage ich heute nein, wenn ich nein meine. Meine Aufrichtigkeit wird mich stärken.

JANUAR

9.

Heute weiß ich: Das Glück kommt von innen. Nicht die Dinge sind es, die mich glücklich machen, sondern meine Einstellung. Ich erwarte heute nur Gutes.

JANUAR

10.

Toleranz macht das Leben weit. Heute begegne ich Menschen, die anders denken und leben als ich, mit Offenheit und Respekt.

JANUAR

11.

**Heute schenke ich einer Freundin meine volle Aufmerksamkeit.
Ich lasse sie wissen, wie wichtig sie in meinem Leben ist.**

JANUAR

12.

Ich muss nicht alles alleine machen.
Heute bitte ich einen Menschen meines Vertrauens um Rat
und Unterstützung bei meinen Problemen.

13.

Geselligkeit ist so wichtig wie Nahrung.
Heute lade ich für nächsten Samstag liebe Freunde
zu mir nach Hause ein.

JANUAR

14.

Mein Lieblingsgericht steht heute auf dem Speiseplan.
Ich nehme mir Zeit beim Kochen und werde dieses kleine Festessen
alleine oder mit meiner Familie am schön gedeckten Tisch zelebrieren.

15.

Heute nehme ich Kontakt mit einer Freundin oder einem Freund auf,
von der, von dem ich schon lange nichts mehr gehört habe.
Ich schreibe einen Brief oder rufe an.

16.

Heute will ich meiner Mutter eine Freude machen.
Sie kann sich von mir etwas wünschen: einen Ausflug,
einen Einkaufsbummel, einen Konzertbesuch.

JANUAR

17.

Offenheit und Ehrlichkeit sind die Basis jeder guten Beziehung.
Heute führe ich mit meinem Partner ein klärendes Gespräch.

J A N U A R

18.

Wie ich in den Wald rufe, so hallt es zurück.
Heute begegne ich allen Menschen mit einem Lächeln.
Ich bin neugierig auf ihre Reaktionen.

19.

Unsere Welt ist voller Wunder. Heute freue ich mich über das Licht der Sonne – egal ob der Himmel strahlend blau oder verhangen ist.

20.

Heute betrachte ich bewusst die Natur in ihrer Winterruhe: die kahlen Bäume, die braunen oder schneebedeckten Felder, die unbelaubten Hecken.

21.

Auch wir Menschen brauchen Ruhephasen, um wieder Kraft zu schöpfen. Heute will ich meine Aktivitäten begrenzt halten und Pausen machen, wenn ich müde bin.

22.

Eigentlich will ich schon lange Sport treiben. Heute fange ich einfach mal an und gehe schwimmen – alleine oder in Begleitung einer Freundin, eines Freundes. Das will ich nun öfter machen.

JANUAR

23.

Heute steige ich aus dem Alltagstrott aus. Statt abends fern zu sehen, schlage ich meiner Familie vor, gemeinsam ein Gesellschaftsspiel zu spielen.

JANUAR

24.

Ich habe als Kind so gerne gesungen. Heute krame ich mein altes Liederbuch hervor und singe einige meiner Lieblingslieder aus Kindertagen.

25.

Heute kaufe ich ein Fotoalbum und fange an,
meine unsortierten Fotos einzukleben. Dabei lasse ich mir Zeit
und tauche ein in die Erinnerungen.

26.

An diesen kalten, kurzen und manchmal grauen Tagen sehne ich mich nach Farbe. Ich schenke mir heute einen bunten Blumenstrauß.

27.

Heute will ich teilen und andere Menschen, die Unterstützung brauchen, beschenken. Ich spende Geld für einen wohltätigen Zweck.

JANUAR

28.

Ich achte heute sorgsam und liebevoll auf meine Mitmenschen.
Mir ist bewusst, dass ich sie ebenso brauche wie sie mich.

29.

Mag sein, dass mir heute ein paar Steine im Weg liegen.
Dann erinnere ich mich daran, dass ich am meisten
durch Herausforderungen lerne.

JANUAR

30.

Oft bin ich zu vernünftig. Heute entscheide ich, dass ich beim nächsten Fest mehr aus mir herausgehe: Ich tanze ausgelassen, trinke ein Gläschen, wenn mir danach ist und genieße den Abend.

JANUAR

31.

Welches Spielzeug habe ich mir als Kind sehnlichst gewünscht
und nicht bekommen? Würde mir das jetzt noch Freude bereiten?
Dann erfülle ich mir heute diesen Wunsch –
und beglücke mein inneres Kind.

JANUAR

1.

**Das Mittel, das Glück zu erreichen, ist:
es nicht zu suchen.**

John Dewey

Auch wenn heute ein großer Berg von Aufgaben vor mir liegt – ich fange einfach an, mache eines nach dem anderen und lasse mich nicht aus der Ruhe bringen.

FEBRUAR

2.

Bei allen Pflichten und aller Arbeit vergesse ich heute nicht die Pausen. Ich kann immer nur das Werk eines Tages vollbringen.

3.

Heute bitte ich meinen Partner oder meine Kinder, für mich eine Tätigkeit zu erledigen. In dieser freien Zeit will ich guten Gewissens die Beine hochlegen und eine schöne Musik hören.

4.

Ich habe schon lange kein packendes Buch mehr gelesen.
Heute kaufe ich mir einen Roman, der mich anspricht
und tauche abends ein in die Welt dieses Buches.

F E B R U A R

5.

Heute denke ich in Liebe und Dankbarkeit an meine Eltern.
Ohne sie wäre ich nicht auf dieser Erde.

6.

Natürlich musste ich als Kind mit Entbehrungen
und Verletzungen fertig werden. Heute verabschiede ich mich
von altem Groll und verzeihe meinen Eltern.

7.

Heute gönne ich mir einen Besuch in meinem Lieblingscafé.
Bei Kaffee und Kuchen beobachte ich die Menschen um mich herum.

8.

Schon lange will ich mich kreativ betätigen.
Heute erkundige ich mich nach einem Mal-, Zeichen- oder Töpferkurs
und melde mich zum nächstmöglichen Termin an.

FEBRUAR

9.

Heute richte ich meinen Blick auf den Zauber, der mich umgibt: Schnee, der in der Sonne glitzert, frostbereifte Äste, weite Landschaft oder sanfte Hügelketten – das Schöne zu sehen tut mir gut.

FEBRUAR

10.

Heute lebe ich bewusst im Hier und Jetzt. Ich trauere nicht über Vergangenes, sorge mich nicht über Zukünftiges, sondern schätze das, was ich habe: den Augenblick.

FEBRUAR

11.

Glücklich ist, wer sich selbst liebt und akzeptiert.
Heute lebe ich in Frieden mit meinen Möglichkeiten und Grenzen.
Ich stehe da, wo ich hingehöre und bin einverstanden mit mir.

FEBRUAR

12.

Heute richte ich mir in meiner Wohnung eine persönliche Ecke ein.
Dazu brauche ich einen Platz, an dem ich ungestört sein kann,
einen bequemen Sessel, eine Leselampe, ein Tischchen
und einige Gegenstände, die mir lieb sind.

FEBRUAR

13.

Auch in meinem Körper gibt es diesen Ort, an den ich
mich zurückziehen kann. Vielleicht ist es mein Herz, mein Bauch,
vielleicht sind es meine Füße.
Ich schließe die Augen und suche nach meinem Ruhepol in mir.

FEBRUAR

14.

Heute ist Valentinstag, der Tag der Liebe.
Ich werde mich der Liebe öffnen, die mir von anderen Menschen zuteil wird.

15.

Bei allen Entscheidungen, die ich heute treffe, will ich zu mir selbst stehen. Stehvermögen stärkt mich und macht mich zufrieden.

FEBRUAR

16.

Heute denke ich an einen Menschen, der mir viel bedeutet.
Ich bin dankbar und glücklich über diese Beziehung,
die mir ermöglicht, mich zu entfalten und die mein Leben reich macht.

FEBRUAR

17.

Heute freue ich mich, dass ich Familie und Freunde, dass ich wertvolle und verlässliche Beziehungen habe. Ich fühle mich eingebunden und verankert.

FEBRUAR

18.

Abwechslung macht das Leben süß, und kleine Freuden erhellen den Alltag. Heute gehe ich mit meiner Familie zum Essen. Ich genieße es, bedient zu werden.

FEBRUAR

19.

Heute will ich meinen Gefühlen nachspüren und mich den Menschen meines Vertrauens so zeigen, wie ich wirklich empfinde.

FEBRUAR

20.

Heute akzeptiere ich mich mit all meinen Seiten und Charakterzügen – besonders mit denen, die ich lieber wegdrängen würde. Nachsicht mir mir macht mich auch nachsichtig gegenüber anderen.

FEBRUAR

21.

Lachen ist gesund, und wer über sich selbst lachen kann, ist sympathisch. Ehe ich mich heute ärgere, atme ich durch und beobachte mich. Hat diese Situation nicht eine gewisse Komik?

FEBRUAR

22.

Auch wenn mein Tag heute voller Pflichten ist – das Wichtigste kommt zuerst. Den Rest, oder soviel ich schaffe, erledige ich in Ruhe. Die Arbeit läuft mir nicht davon.

FEBRUAR

23.

Das Fernsehprogramm oder Lektüre können mich heute nicht locken.
Ich achte auf mein Wohlbefinden und gehe frühzeitig zu Bett.

FEBRUAR

24.

Ausgeschlafen und gut gelaunt beginnt für mich der heutige Tag.
Ich gönne mir zum Frühstück frische Brötchen.
Manchmal braucht es nur wenig zum Glück.

F E B R U A R

25.

Mit Kindern kann man die Welt neu entdecken.
Heute will ich mit meinen Kindern, meinem Enkel oder
meinem Patenkind auf Erkundungstour gehen.

FEBRUAR

26.

Den heutigen Tag will ich nicht strukturieren und verplanen,
sondern offen sein für das was kommt.

27.

Der Sommer ist noch weit, doch Vorfreude ist die schönste Freude.
Heute will ich planen, wo ich dieses Jahr meinen Urlaub verbringe.

FEBRUAR

28.

Statt ins Auto oder in den Bus zu steigen, erledige ich heute meine Einkäufe zu Fuß. Es tut mir gut, mich zu bewegen.

29.

Auch wenn es noch kalt und ungemütlich ist:
Der Winter geht zu Ende, die Tage werden länger.
Ich hole mir heute Frühlingsboten ins Haus: leuchtende Tulpen
oder duftende Hyazinthen.

1.

**Wir träumen von Reisen durch das Weltall:
Ist denn das Weltall nicht in uns?**

Novalis

Wann habe ich mich zuletzt gelobt?

Was mag ich an mir gerne?

Heute will ich meine eigenen Qualitäten und Leistungen wertschätzen.

2.

Den heutigen Tag will ich achtsam und dankbar begrüßen – mit einem Gebet oder einer Meditation.

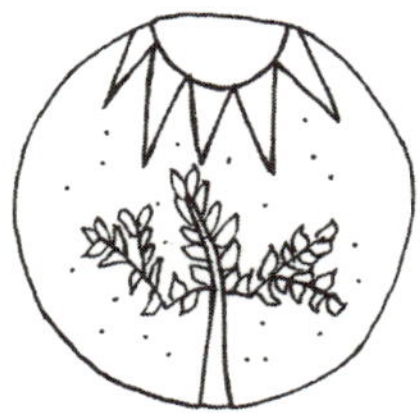

MÄRZ

3.

Heute bin ich verspielt: Ich gehe in die Natur und sammle Steine
oder Wurzeln, ich stöbere im Speicher in alten Kisten,
ich probiere in Kaufhäusern Kleider, die ich mir nie kaufen würde –
ich mache irgend etwas scheinbar Nutzloses,
einfach weil es Spaß macht.

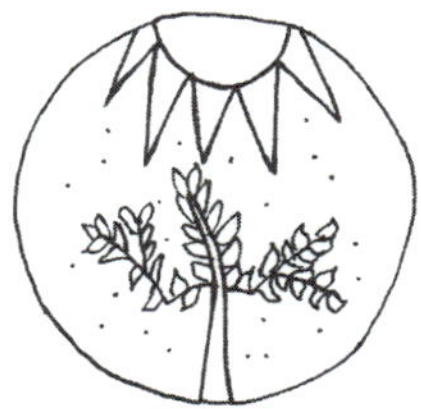

4.

Heute will ich meinen Kreislauf ankurbeln und meinen Körper spüren: bei einem langen, flotten Spaziergang, beim Laufen, Schwimmen oder bei einer Gymnastik.

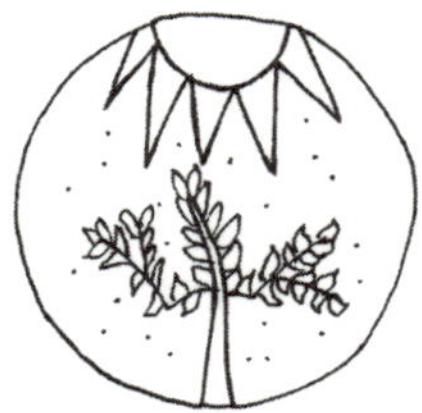

MÄRZ

5.

Schon lange möchte ich meine Ernährung etwas umstellen.
Ich fange heute damit an und probiere, wie es schmeckt,
Kaffee oder Tee ohne Zucker zu trinken.

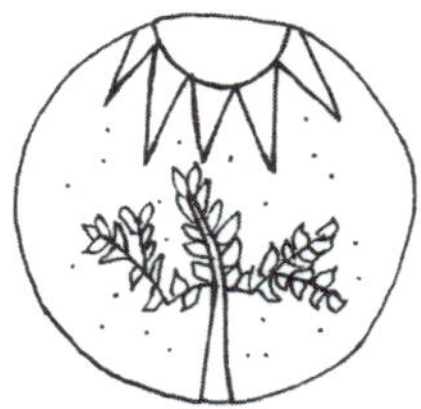

MÄRZ

6.

Ich nehme heute bewusst meine Mahlzeiten zu mir und bin dankbar, dass ich mich satt essen kann.

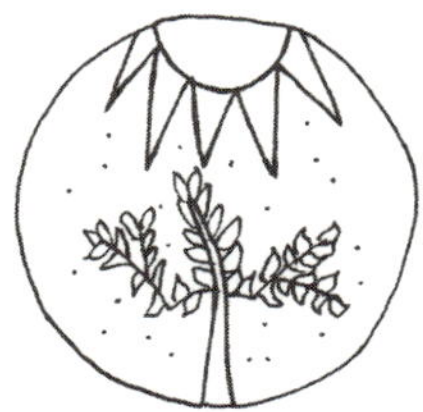

MÄRZ

7.

Immer wieder spüre ich den Wunsch, Tagebuch zu schreiben.
Heute beginne ich damit. Ich kaufe mir ein schönes Buch
und vertraue ihm meine Gefühle und Gedanken an.

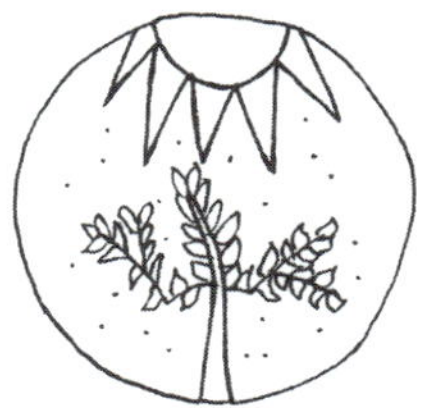

8.

Jeder Tag hält für mich ein Wunder bereit.
Heute will ich offen und dankbar sein, für die kleinen und großen Wunder, die in meinem Leben geschehen.

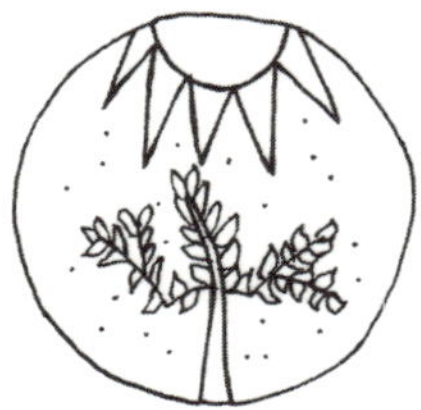

MÄRZ

9.

Das Leben ist ein Prozess. Heute will ich jedes Auf und Ab gelassen annehmen. Ich vertraue darauf, dass alles seinen Sinn hat und weiß, dass mich jede Erfahrung bereichert.

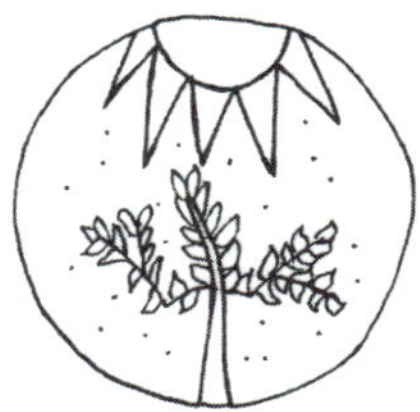

MÄRZ

10.

Heute ist mir das Wasser Sinnbild des Lebens.
Ich betrachte einen Bach oder einen Fluss und höre das Fließen
und Rauschen. Leben ist Bewegung, ist fortwährender Fluss.
Auch ich bin im Fluss des Lebens.

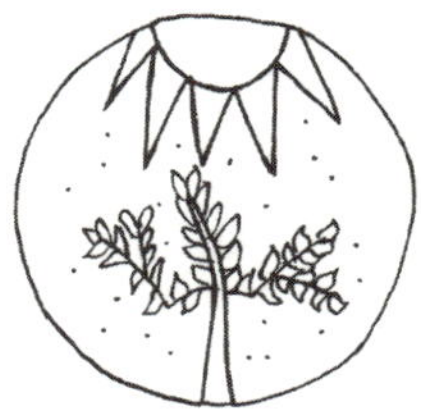

MÄRZ

11.

Heute will ich von den Vögeln lernen:

Sie tirilieren bei Regen und bei Sonnenschein.

Ihr Gesang ist für mich der Inbegriff von Lebensfreude.

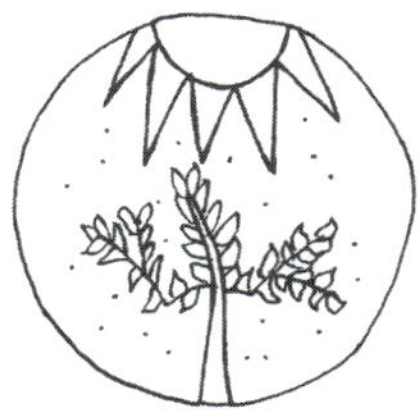

MÄRZ

12.

Heute richte ich den Blick auf das Schöne,
das Menschen geschaffen haben: auf gelungene Architektur,
formvollendete Gefäße und Skulpturen, faszinierende Fotos.

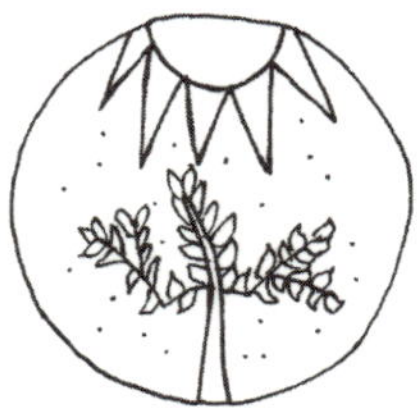

MÄRZ

13.

Was wäre ich ohne meine Liebsten! Heute denke ich dankbar und glücklich an meine Freundinnen und Freunde, die mein Leben reich machen.

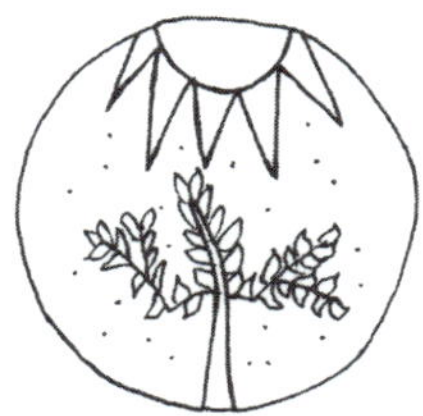

14.

Ich habe viel zu geben. Heute ist mir bewusst,
was ich anderen Menschen bedeute.
Ich freue mich über diese Verbundenheit.

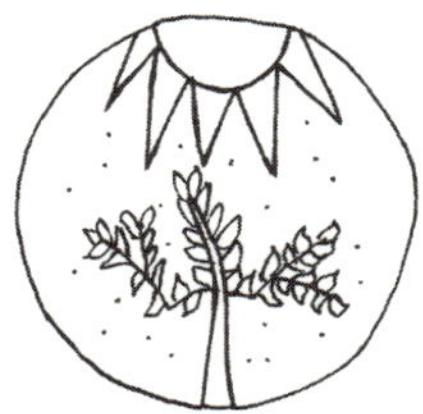

MÄRZ

15.

Das Leben ist nicht nur Sonnenschein,
sondern auch Sturm und Regen.
Heute äußere ich meinen Unmut dort, wo er hingehört.

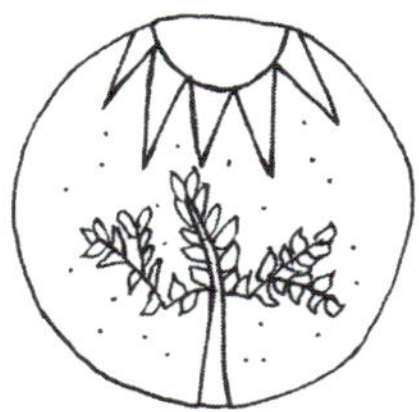

MÄRZ

16.

Ich habe meine Ecken und Kanten – und ich mache auch Fehler.
Heute bin ich offen gegenüber konstruktiver Kritik.

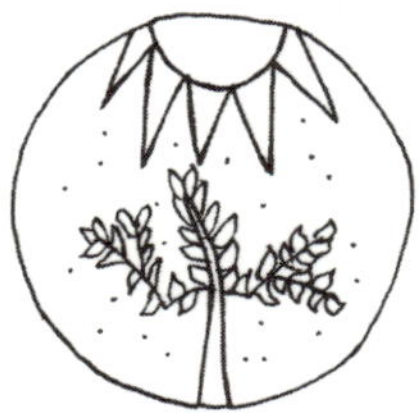

MÄRZ

17.

Heute freue ich mich über die selbstverständlichen Dinge
in meinem Leben: dass ich in einer gemütlichen Wohnung lebe,
dass ich Arbeit und mein Auskommen habe,
dass ich über Fertigkeiten verfüge.

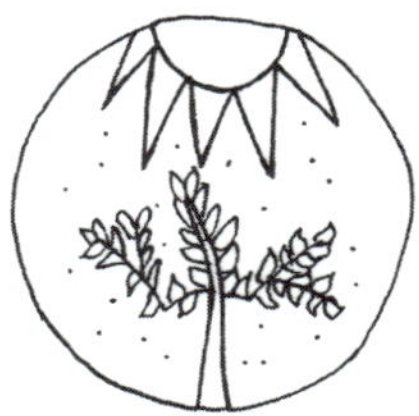

MÄRZ

18.

Heute mache ich mir einen schönen Abend und gehe meinen Neigungen nach. Ich blättere in Illustrierten, lese ein Buch, telefoniere mit einer Freundin, einem Freund.

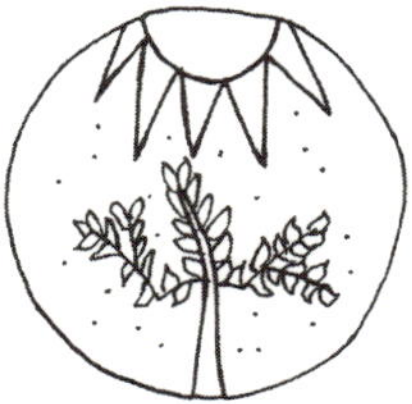

MÄRZ

19.

Anerkennung und Wertschätzung beleben jede Beziehung.
Heute sage ich meiner Partnerin oder meinem Partner,
was ich an ihr, an ihm mag.

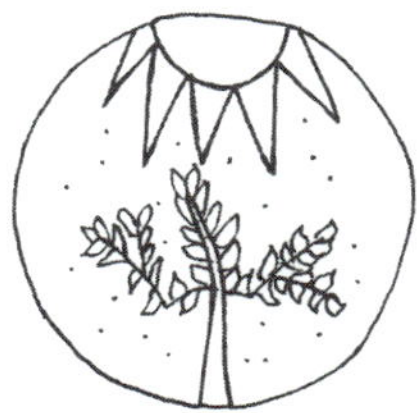

MÄRZ

20.

Frühlingsanfang! Heute gehe ich nach draußen und beobachte, wie die Natur langsam erwacht. Blühen schon die Haseln, die Krokusse und Schneeglöckchen?

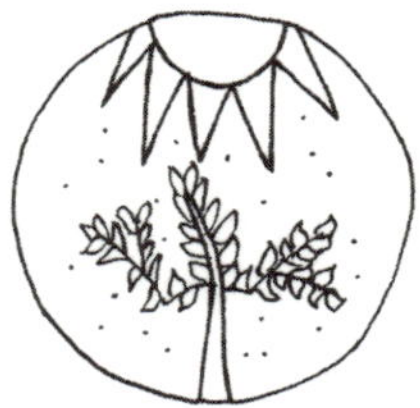

MÄRZ

21.

Aufmerksamkeiten und freundliche Worte streicheln meine Seele.
Heute freue ich mich über jedes Kompliment, das ich bekomme.

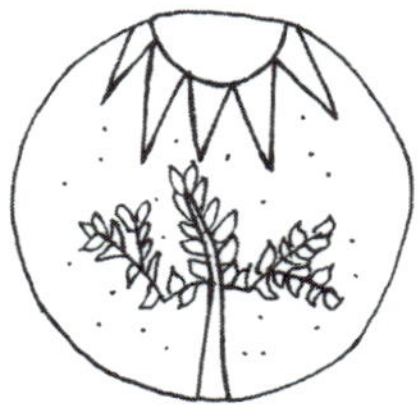

MÄRZ

22.

Stimmungen sind wie das Wetter:
mal heiter und beständig, mal wechselhaft und stürmisch.
Wie auch immer ich heute gestimmt bin, ich nehme mich an
und mache etwas Gutes aus diesem Tag

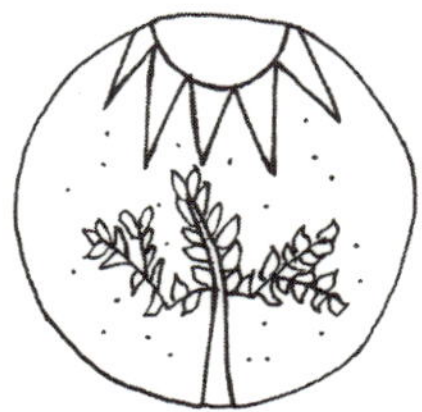

MÄRZ

23.

Es tut mir gut, mich hin und wieder mit etwas Luxus zu verwöhnen.
Heute schenke ich mir ein Parfum, das zu mir passt.
Ich freue mich über den schönen Duft.

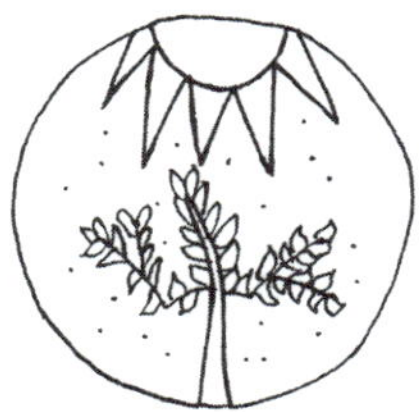

MÄRZ

24.

Ich nasche gerne Süßigkeiten. Heute kaufe ich mir eine Schachtel gutes Konfekt und genieße von den süßen Köstlichkeiten.

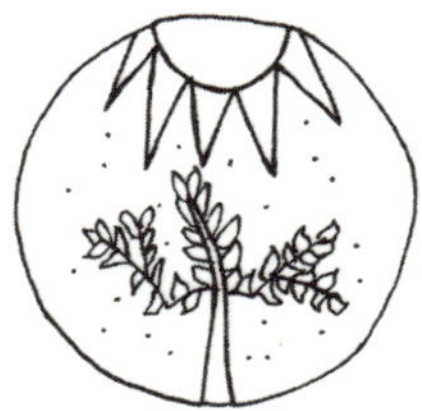

MÄRZ

25.

Tiere sind wunderbare Wesen. Heute beobachte ich einen Hund oder eine Katze. Sie sind wachsam, selbstvergessen, folgen ihren Bedürfnissen. Ich freue mich an dieser Natürlichkeit.

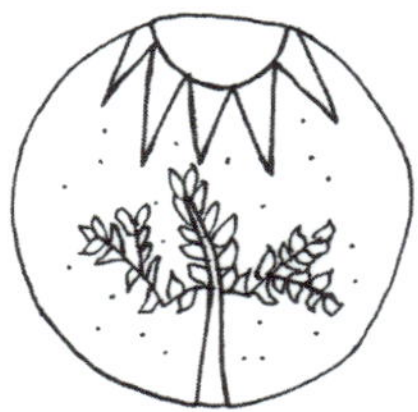

MÄRZ

26.

Heute sehe und genieße ich die visuellen Freuden in meiner Umgebung: das kupferne Kirchdach, das bei Regen silbern glänzt, die elegante Birke, die sich im Märzwind wiegt, der gelbe Huflattich, der zwischen Schottersteinen blüht.

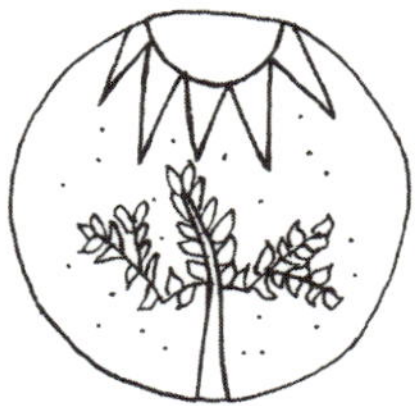

MÄRZ

27.

Glück ist oft recht unspektakulär: Ausgeschlafen die Alltäglichkeiten abwickeln, von Zeit zu Zeit ein schönes Gespräch, ein herzlicher Kontakt. Heute achte ich auf das kleine Glück.

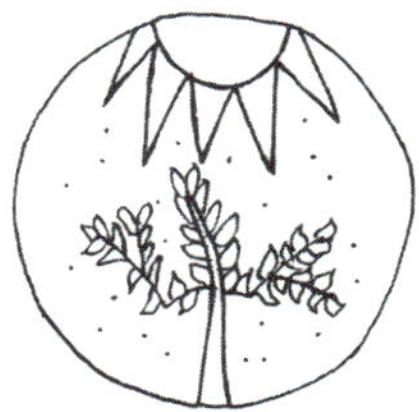

MÄRZ

28.

Glück ist oft recht unspektakulär:
Ausgeschlafen die Alltäglichkeiten abwickeln, von Zeit zu Zeit
ein schönes Gespräch, ein herzlicher Kontakt.
Heute achte ich auf das kleine Glück.

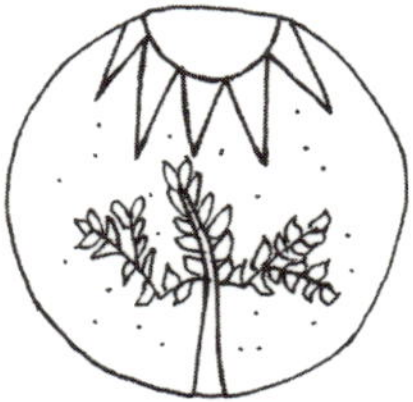

MÄRZ

29.

Was immer heute geschehen mag, ich will es positiv sehen.
Auch unangenehme Erfahrungen haben ihr Gutes:
Ich lerne daraus, was ich anders machen kann.

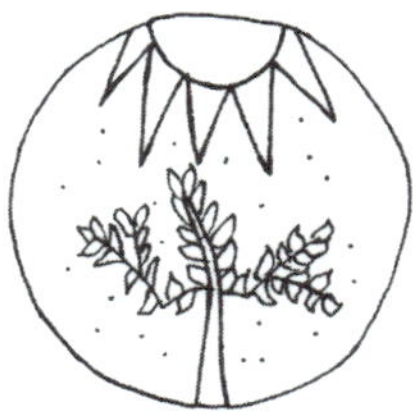

MÄRZ

30.

Humor ist das Steuerrad, das den Kurs des Leben verändert.
Ein Problem wird heute zu einer Kleinigkeit,
weil ich darüber lachen kann.

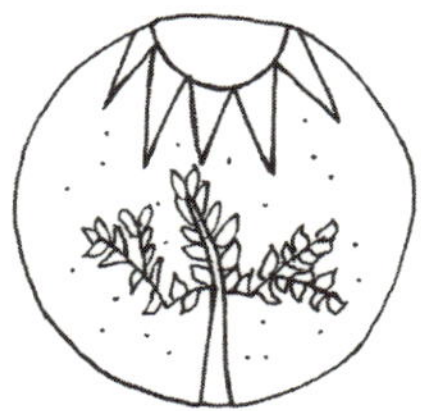

MÄRZ

31.

Das Gestern ist vorbei. Heute ist ein neuer Tag.
Ich will ihn wohl gestimmt und mit Elan beginnen.
So kann ich das Beste daraus machen.

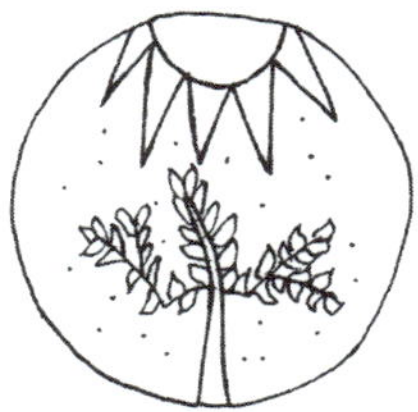

MÄRZ

1.

Glück ist etwas, was man geben kann, ohne es zu haben.

Ricarda Huch

Spaß muss sein. Heute erlaube ich mir einen Scherz und schicke jemanden in den April. Und wenn ich verulkt werde, lache ich drüber.

APRIL

2.

Wie habe ich als Kind Aprilwetter erlebt?
Bin ich mit Gummistiefeln in Pfützen herum gesprungen?
Würde mir das heute auch noch Spaß machen?
Ich probiere es einfach aus.

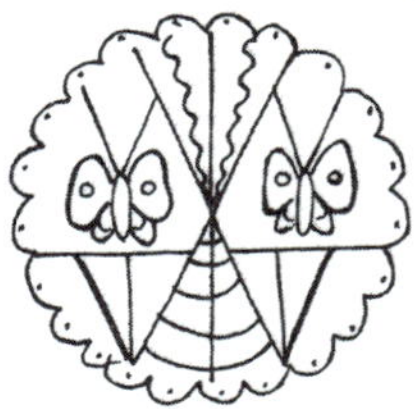

APRIL

3.

Heute will ich Kindheitsträume ausgraben.

Was wollte ich gerne werden? Welche Vorbilder hatte ich?

Sind diese Träume, diese Ideale noch aktuell?

Dann will ich sie in meine Lebensziele einbauen.

APRIL

4.

Heute glaube ich an die Kraft der Gedanken und der Ziele:
Wenn ich etwas wirklich will, werde ich auch Mittel
und Wege finden, es zu erreichen.

APRIL

5.

Heute will ich Ballast loswerden.

Ich trenne mich von einem Kleidungsstück, das ich schon länger als zwei Jahre nicht mehr getragen habe.

APRIL

6.

Ich will heute auf einen bewussten und klaren Umgang mit mir achten:
Ich esse, wenn ich hungrig bin und ruhe, wenn ich Pausen brauche.

APRIL

7.

Heute würdige ich, wie gut ich es habe: Ich lebe in einem Land, in dem Frieden, Rechtssicherheit und Wohlstand herrschen. Das ist ein Privileg, und ich bin glücklich darüber.

APRIL

8.

Von dem Wohlstand, in dem ich lebe, will ich heute bereitwillig abgeben. Ich spende für Menschen, die in Not sind oder denen es schlechter geht als mir.

APRIL

9.

Ich bin Nutznießer unserer gesellschaftlichen Struktur, doch ich will sie auch mitgestalten. Heute nehme ich mir vor, bei der nächsten Gelegenheit – sei es bei einer sozialen oder gemeinnützigen Veranstaltung – einen Dienst zu übernehmen.

APRIL

10.

Mich auf andere einlassen und bewusst geben ist erfüllend.
Heute will ich für einen Menschen da sein, der mich braucht
und meine Unterstützung annehmen kann.

APRIL

11.

Heute gehe ich liebevoll und sorgsam mit meinen schwachen Seiten um. Ich sehe und akzeptiere meine Unsicherheit, meine Ängstlichkeit, meinen Kleinmut.

APRIL

12.

Ich bin sensibel und beeinflussbar.
Heute suche ich nur Kontakt zu Menschen,
die eine positive Ausstrahlung haben und mir gut tun.

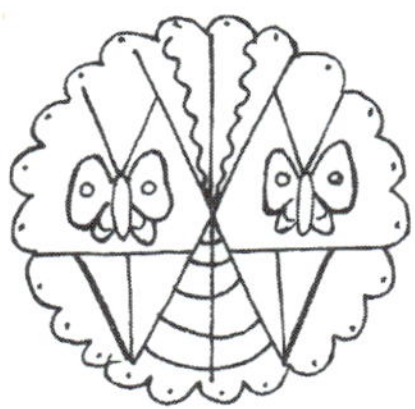

APRIL

13.

Heute sage ich ja zu allem, was ich geschenkt bekomme:
ja zu einem freundlichen Lächeln, einer helfenden Hand,
einem guten Rat, einer herzlichen Umarmung.

APRIL

14.

Heute freue ich mich, dass ich lebe. Ich habe in meinem Leben schon vieles erreicht und bin dankbar, dass ich Verluste verkraftet und aus Enttäuschungen gelernt habe.
Heute mag ich mich so, wie ich bin.

APRIL

15.

Vertrauen in die Welt und in eine gottgewollte Ordnung gibt mir das Gefühl von Geborgenheit. Heute weiß ich, dass ich behütet bin und dass mein Leben einen Sinn hat.

APRIL

16.

Der Frühling kommt unaufhaltsam, trotz Aprilwetter.
Ich lausche heute den Amseln, die unermüdlich singen
und Nester bauen. Ich freue mich an den blühenden Farborgien
in den Gärten und fühle mich beseelt von dieser Lebendigkeit.

APRIL

17.

Wie geht es den Pflanzen in meiner Wohnung? Heute will ich prüfen, ob sie genug Licht bekommen, will mich um sie kümmern, sie umtopfen. Es tut mir gut, meine Finger in die Erde zu stecken.

APRIL

18.

Kreativität ist in vielen Bereichen möglich.
Heute bin ich in der Küche kreativ. Ich backe einen Kuchen
und genieße den süßen Duft, der durch die Wohnung zieht.

APRIL

19.

Wie sieht es mit meiner Kondition aus? Bin ich fit für den Frühling?
Heute will ich joggen oder einen anderen Ausdauersport treiben.
Von jetzt an mache ich das regelmäßig.

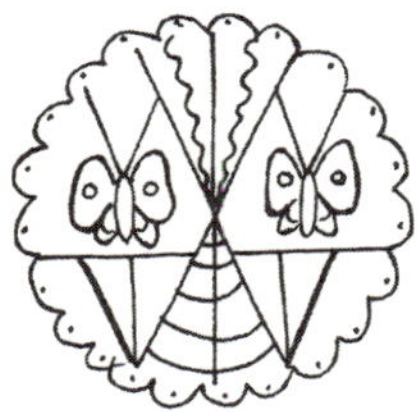

APRIL

20.

Für meine Zufriedenheit ist es wichtig, bewusst meine Tage zu gestalten. Aber ebenso bedeutsam sind für mich Zerstreuung und Müßiggang. Heute habe ich Zeit zu trödeln und lasse mich einfach treiben.

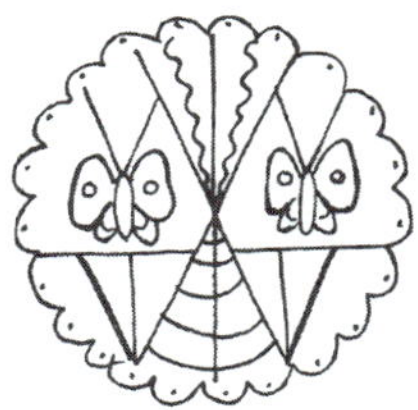

APRIL

21.

Heute tauche ich ein in die Welt der Erinnerungen. Ich höre meine Lieblingsmusik von früher, mit der ich schöne Erlebnisse und Zeiten verbinde.

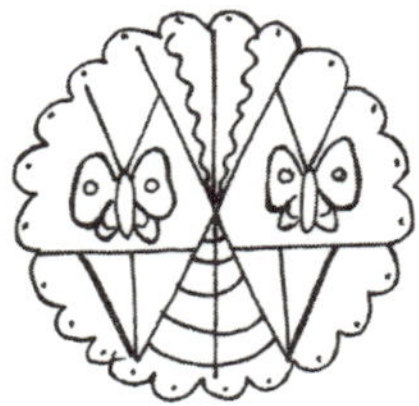

APRIL

22.

Eine kulturelle Veranstaltung ist für mich ein besonderer Genuss. Heute kaufe ich für mich und eine Freundin oder einen Freund eine Eintrittskarte zu einem Konzert.

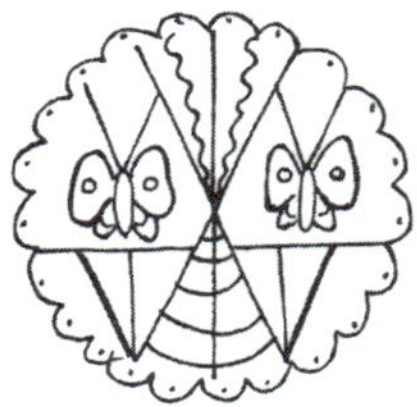

APRIL

23.

Heute lasse ich mich verwöhnen: Ich gehe in die Sauna, genieße die reinigende Hitze, lasse mich massieren und nehme mir genügend Zeit, mich zu entspannen.

APRIL

24.

Veränderungen beleben. Heute gehe ich zum Friseur
und lasse mich beraten.
Ich will einen neuen Haarschnitt ausprobieren.

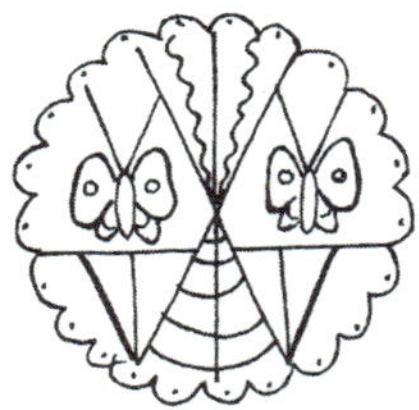

25.

Heute will ich aus der Alltagsroutine aussteigen.
Ich nehme einen anderen Weg zur Arbeit, organisiere meinen Tag
anders als sonst, koche ein neues Gericht.

APRIL

26.

Bald ist 1. Mai – der Wonnemonat beginnt.
Ich schlage heute meiner Familie oder Freunden vor, gemeinsam
eine Radtour zu machen und suche eine schöne Route aus.

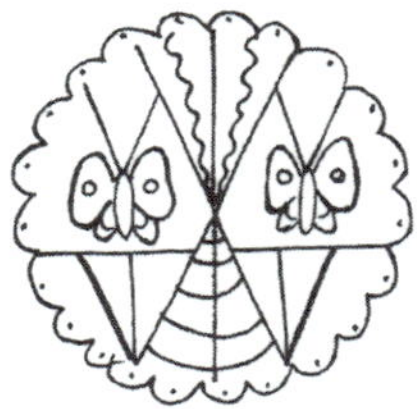

APRIL

27.

Innehalten und wertschätzen, was geschieht,
kann die Wahrnehmung zum Positiven verändern.
Heute freue ich mich über jeden Erfolg, und sei er noch so klein.

APRIL

28.

Glück, das ist ein strahlender Sonnenaufgang, ein warmer Lufthauch
im Frühling, ein klarer sternenglänzender Nachthimmel.
Heute erfahre ich dieses ursprüngliche Glück.

29.

Das Gefühl der Dankbarkeit macht mich glücklich.
Heute richte ich meinen Blick auf Erfreuliches, auf die kleinen, alltäglichen Geschenke, die mir zufallen.

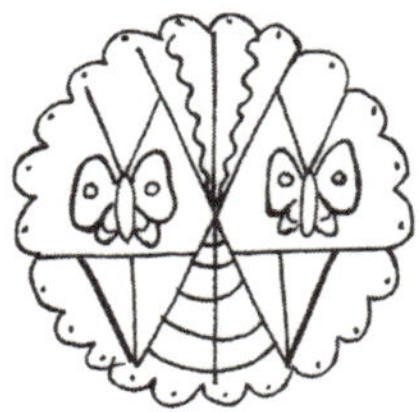

APRIL

30.

Heute würdige ich meine eigenen Leistungen.
Ich zähle fünf Dinge auf, die ich in jüngster Zeit gut gemacht habe.

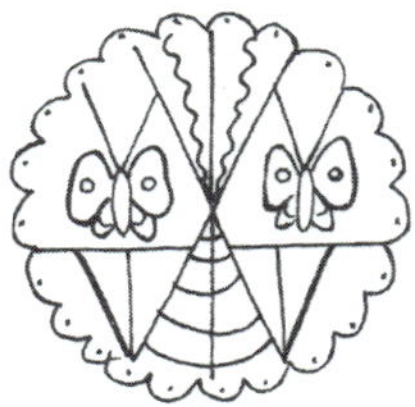

1.

MAI

**Denke daran, dass nur die Gegenwart real ist
und der heutige Tag nicht ein zweites Mal kommt.**

Arthur Schopenhauer

MAI

**Heute ist ein Feiertag, und ich will
dem Namen dieses Tages gerecht werden.
Ich feiere, dass es grünt und blüht und dass ich frei habe.**

2.

Heute will ich in meinem Garten arbeiten oder den Balkon begrünen.
Ich pflanze bunte Frühlingsboten in Beete, Kästen und Kübel
und freue mich an der blühenden Pracht.

MAI

3.

Ordnung ist wohltuend und schafft Klarheit.
Heute beginne ich das aufzuräumen,
was ich mir schon lange vorgenommen habe.

4.

Klarheit ist auch in meinen Beziehungen wichtig.
Heute will ich einer Freundin oder einem Freund mitteilen,
was mir am Herzen liegt und was ich mir anders wünsche.

5.

Heute bin ich offen für Neues, Ungewohntes:
Ich gehe alleine in ein Restaurant, sehe mir im Kino einen Film an,
den ich normalerweise ignorieren würde und beobachte,
wie mir dieses Experiment bekommt.

MAI

6.

Heute begegne ich den Menschen um mich herum interessiert, wohlwollend und mit einem Lächeln. Manche werden das übersehen, manche werden sich daran freuen und viele nehmen es als Geschenk.

MAI

7.

Ich genieße heute das Glück vor der Haustür:
dass die Sonne scheint, dass die Wolken ziehen, dass der Wind
in den Blüten der Bäume und Sträucher fächelt.

8.

Alles, was ich heute angehe, will ich gerne und mit Begeisterung tun.
Spüre ich Unlust, dann erforsche ich,
woher sie rührt und entscheide dann, wie ich damit umgehe.

9.

Heute bin ich offen für die Kinder in meiner Umgebung.
Ich lasse mich von ihren unverstellten Gefühlsäußerungen berühren,
lasse mich anstecken von ihrem Lachen und ihrer Freude.

MAI

10.

Als Kind habe ich gerne Steine, Wurzelstücke und Holzrinden gesammelt. Heute will ich offenen Auges die Schätze der Natur wahrnehmen und einige davon mit nach Hause tragen.

MAI

11.

Diesen Mai will ich wirklich auskosten.
Für den nächst passenden Tag lade ich eine Freundin oder
einen Freund zu einer schönen Wanderung ein.

12.

Es wiederholt sich Jahr für Jahr und ist doch jedesmal
wieder ein Wunder: das Erwachen der Natur, die lauen Lüfte,
die weiße Blütenpracht an den Obstbäumen.
Die Freude darüber spüre ich heute in jeder Faser meines Körpers.

MAI

13.

Diese Zeit ist ein Fest für die Sinne. Frühlingsgefühle beflügeln mich. Ich freue mich heute am Leben und genieße meine Ausstrahlung.

MAI

14.

Glück ist weder ein dauerhafter Zustand noch ein erreichbares Ziel in der Zukunft. Glück ist möglich in jedem Augenblick. Heute bin ich offen für das kleine Glück.

MAI

15.

Alles, was ich heute mache, will ich bewusst angehen.
Tue ich es, weil andere es von mir erwarten, weil es
der bequemste Weg ist oder weil es mir tatsächlich entspricht?

MAI

16.

Es gehört zu den Überraschungen des Lebens, das eine zu suchen
und statt dessen etwas ganz anderes zu finden.
Heute freue ich mich über das, was unerwartet eintritt.

MAI

17.

Den Menschen um mich herum begegne ich heute mit Toleranz.
Zum Glück sind wir alle unterschiedlich,
dadurch wird die Welt bunt und das Leben spannend.

18.

Was mag ich an meinem Partner, an meiner Partnerin besonders gern?
Was finde ich sympathisch, charakteristisch?
Heute bin ich glücklich, dass ich
mit diesem Menschen zusammen lebe.

MAI

19.

Die Freude, die wir geben, kehrt ins eigene Herz zurück.
Deshalb mache ich heute meiner Nachbarin oder
meinem Arbeitskollegen ein ehrliches Kompliment.

MAI

20.

Tragend und verbindlich ist eine Beziehung zu einem anderen Menschen nur, wenn sie aufrichtig ist. Heute führe ich mit einer Freundin oder einem Freund ein offenes Gespräch.

21.

Eine schwierige Aufgabe löse ich nicht, wenn ich sie auf Eis lege.
Heute packe ich diese Herausforderung zielstrebig an.
Ich weiß, dass ich sie erfolgreich meistern werde.

MAI

22.

Heute will ich mich körperlich austoben. Ich arbeite im Garten, mache eine Fahrradtour oder einen flotten Spaziergang. Die Bewegung im Freien tut mir gut.

MAI

23.

Muße zur rechten Zeit ist Patin meines Wohlbefindens.
Heute lasse ich mir die Sonne ins Gesicht scheinen
oder ich sitze auf dem Sofa und genieße es, vor mich hinzuträumen.

24.

Heute denke ich an einen besonders glücklichen Tag in meinem Leben.
Wann war das, wie fühlte ich mich dabei?
Ich tauche ein in die schöne Erinnerung und koste sie aus.

MAI

25.

Heute räume ich in meiner Wohnung auf.
Ist meine Umgebung sortiert und geordnet,
dann fühle auch ich mich klar und aufgeräumt.

26.

Heute bin ich ich achtsam in all meinen Handlungen.
Bei der Arbeit und in meiner freien Zeit mache ich
immer nur eine Sache zu einer Zeit.

MAI

27.

Heute will ich mich mit einer Kleinigkeit verwöhnen.
Ich gehe ins Café, trinke ein Gläschen Sekt auf mein Wohl
und freue mich, dass ich es mir gut gehen lasse.

28.

Heute will ich meiner Familie eine Freude machen.
Ich koche ein wohlschmeckendes Gericht,
decke liebevoll den Tisch und verbreite eine festliche Stimmung.

29.

Heimat ist dort, wo die Gefühle sind.
Heute weiß ich, dass die Menschen, die mich lieben,
das Wertvollste in meinem Leben sind.

30.

Heute öffne ich mich meinen Mitmenschen,
ihren Freuden und Sorgen.
Ich bin für sie da, höre ihnen zu und unterstütze sie, wo ich kann.

31.

Freude, Spiel und Leichtigkeit sind der Schlüssel zum Glück. Heute bin ich verspielt, wie ein Kind: Ich gehe ins Grüne, beobachte Käfer und Vögel, setze mich auf eine Schaukel und schwinge durch die Luft, ich kaufe mir ein Eis am Stiel und schlendere durch den Park.

1.

Lebenskünstler ist, wer seinen Sommer so erlebt, dass er ihm noch den Winter wärmt.

Alfred Polgar

Heute glaube ich, dass alles gut ist und dass ich eingebettet bin in eine größere Ordnung. Ich will meinen Teil tun; was außerhalb meines Einflusses steht, will ich gelassen hinnehmen.

2.

Es stimmt: Das Leben fordert mich bisweilen sehr.
Gleichzeitig erfahre ich viel Freude, Glück, Erfüllung.
Heute bin ich dankbar über diesen Reichtum.

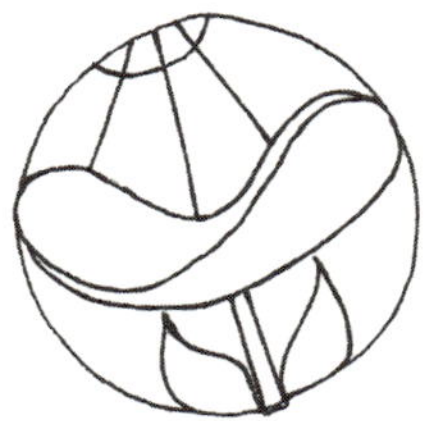

3.

Alleine sein beruhigt und läutert mich. Heute verbringe ich möglichst viel Zeit nur mit mir. Ich spüre in mein Inneres, führe leise oder laute Selbstgespräche und genieße die Gesellschaft mit mir.

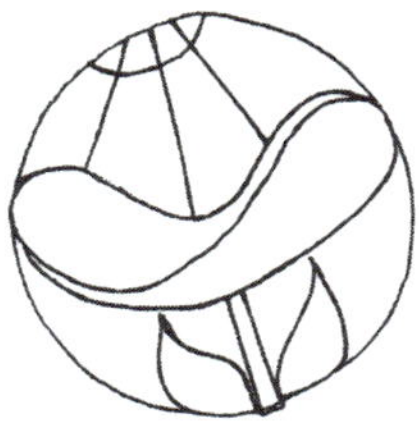

JUNI

4.

Heute gestehe ich meinen Mitmenschen zu, dass auch sie Zeit für sich brauchen. Wenn sie alleine sein wollen, ist das nicht gegen mich gerichtet, sie tun das für sich.

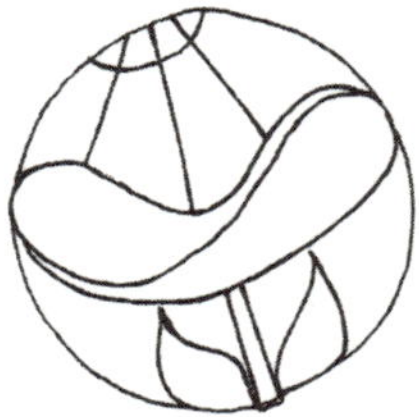

JUNI

5.

Wie wichtig ist mir die Anerkennung meiner Arbeit durch meine Kolleginnen und Kollegen? Heute will ich mein Pensum gut erledigen. Es ist schön, Bestätigung zu bekommen, doch ich bin nicht darauf angewiesen.

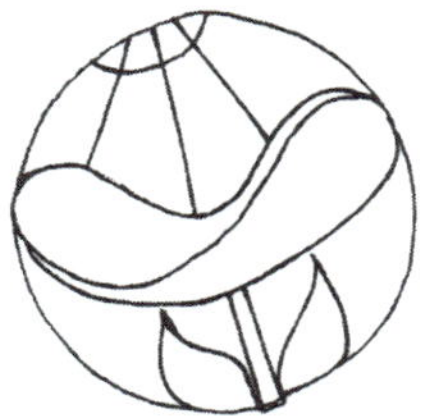

JUNI

6.

**Heute achte ich bewusst auf meine Mitarbeiterinnen und Mitarbeiter.
Ich teile ihnen mit, was mir an ihnen gefällt,
würdige ihre Arbeit und erkenne sie an.**

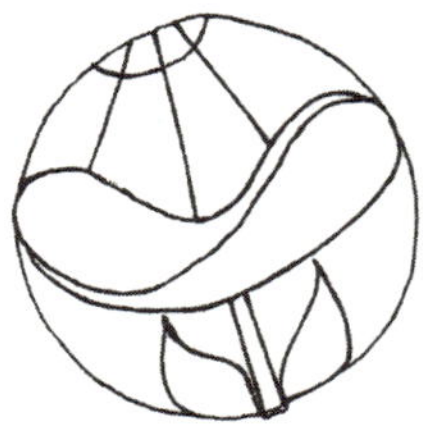

JUNI

7.

Der Juni ist ein wunderbarer Monat, Helligkeit, Licht!
Heute entscheide ich, dass ich an einem der nächsten Tage
früher aufstehe und bei einem Spaziergang die Morgenluft genieße.

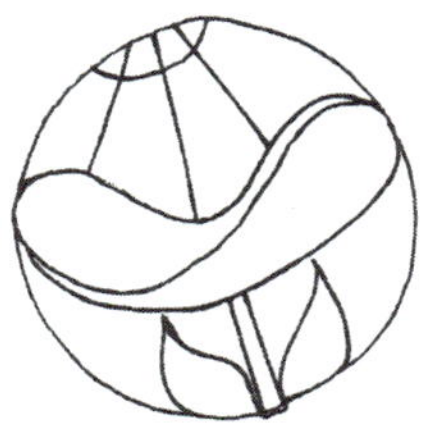

JUNI

8.

Jetzt ist die Natur ein Fest für die Sinne.
Der Duft der Blumen und des jungen Grüns, der Zauber der Blüten – heute lasse ich mich begeistern von dieser verschwenderischen Großzügigkeit.

JUNI

9.

Heute bin ich großzügig und freigiebig mit meiner Liebe gegenüber allen Menschen und Wesen, die mich umgeben.

10.

Das Leben ist ein Geben und Nehmen. Heute freue ich mich über jedes Lob und Kompliment. Ich nehme es dankbar entgegen und muss mich nicht gleich revanchieren.

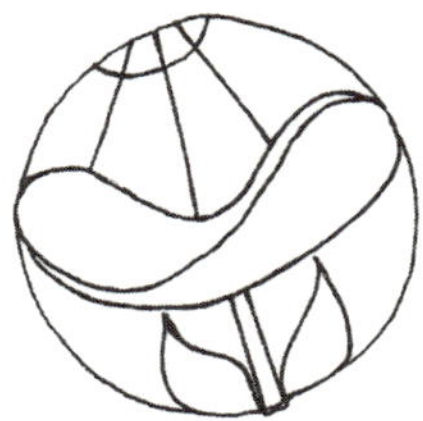

JUNI

11.

Wer zu sich steht ist selbstbewusst. Heute äußere und vertrete ich meine eigene Meinung, auch wenn sie scheinbar ungewöhnlich ist und ich in der Minderheit bin.

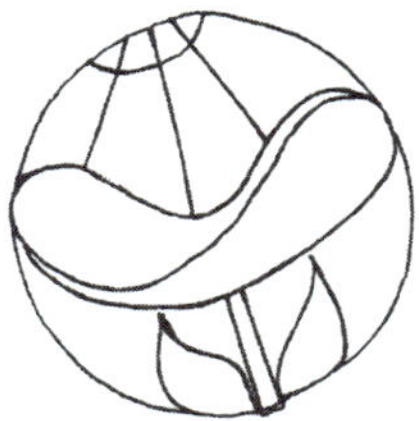

JUNI

12.

Meine Familie und meine Freunde sehen Dinge manchmal anders als ich. Heute will ich sie in ihrem Anderssein ernst nehmen und respektieren.

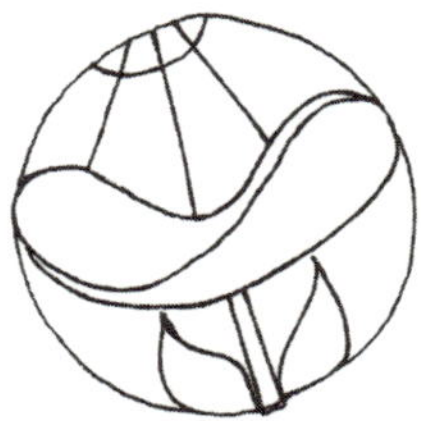

J U N I

13.

Eigentlich will ich mich gesünder ernähren, als ich es tue. Heute verzichte ich auf ein Nahrungsmittel, von dem ich weiß, dass es mir nicht gut tut. Ich versuche, eine Woche lang ohne es auszukommen.

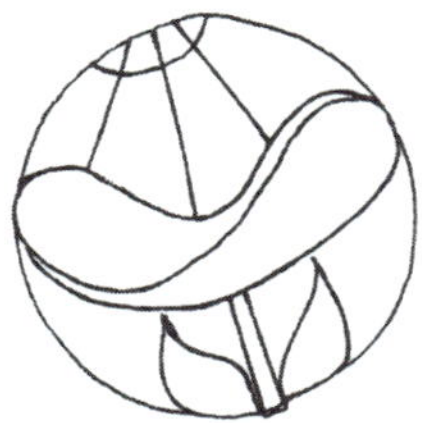

JUNI

14.

Gesunde Ernährung bedeutet auch bewusst und maßvoll zu essen.

Heute nehme ich mir Zeit für meine Mahlzeiten.

Ich nasche nicht zwischendrin.

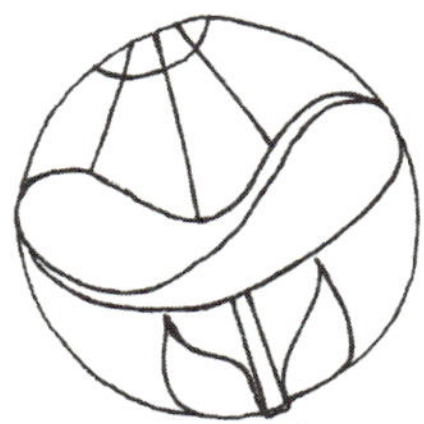

JUNI

15.

In meinem Leben gab und gibt es immer wieder Menschen,
von denen ich wichtige Impulse bekommen und viel gelernt habe.
Heute denke ich an diese Menschen.

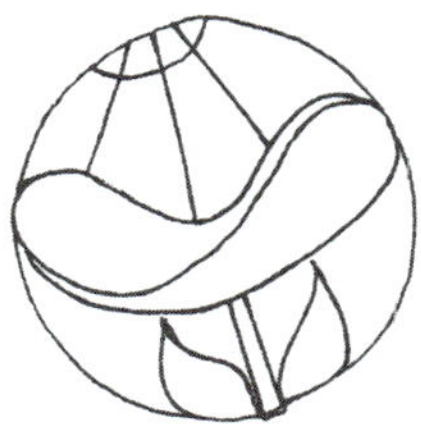

JUNI

16.

Persönliche Briefe oder Postkarten zu bekommen ist etwas sehr Schönes. Heute teile ich mich einer Person, die mir viel bedeutet, schreibend mit.

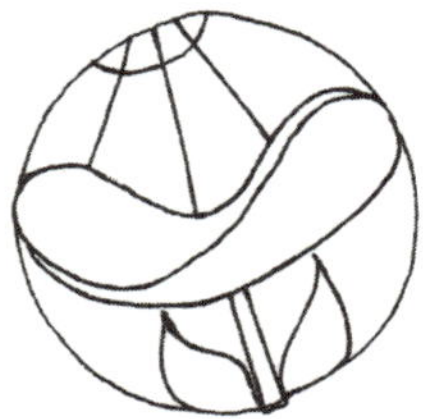

JUNI

17.

Heute bin ich mutig und packe eine Sache an,
an die ich mich bisher nicht wagte.
Es wird in jedem Fall ein Gewinn sein – egal wie es ausgeht.

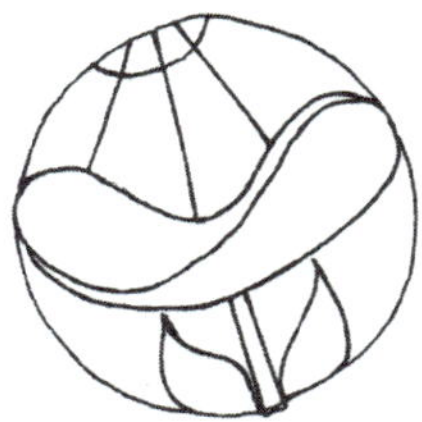

JUNI

18.

Vollkommenheit und Perfektion sind kein Maßstab
für menschliches Handeln. Heute bin ich großzügig mit mir:
Ich darf Fehler machen.

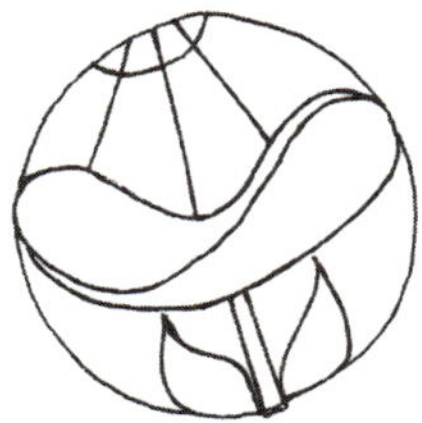

J U N I

19.

Sonne, ein schönes Plätzchen und ein bisschen Zeit –
mehr brauche ich oft nicht zum Glücklichsein.
Bei schönem Wetter gehe ich heute mit einer Decke ins Grüne
und strecke den Bauch in die Sonne.

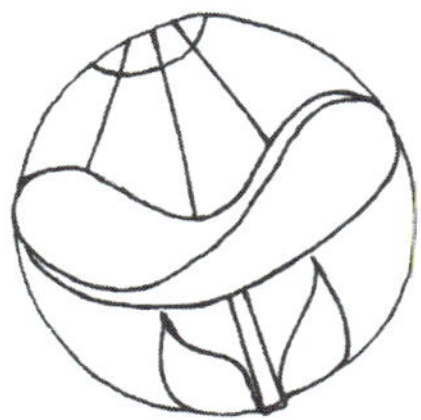

JUNI

20.

**Jetzt sind die längsten Tage des Jahres.
Ich will sie bewusst wahrnehmen.
Heute mache ich einen Abendspaziergang
und beobachte den Sonnenuntergang.**

JUNI

21.

Sommeranfang! Heute begrüße ich diese schöne Jahreszeit,
die Fülle, die Wärme und Leichtigkeit.
Ich freue mich auf die sonnigen Tage und die lauen Abende.

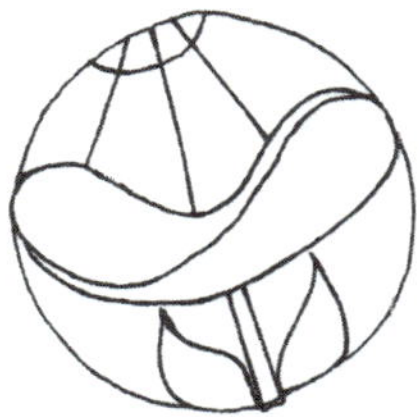

22.

Jetzt reifen wieder die wohlschmeckenden Früchte:
Erdbeeren, Johannisbeeren, bald auch Kirschen.
Heute will ich in dieser Beerenfülle schwelgen –
ich gehe zum Pflücken auf ein Erdbeerfeld.

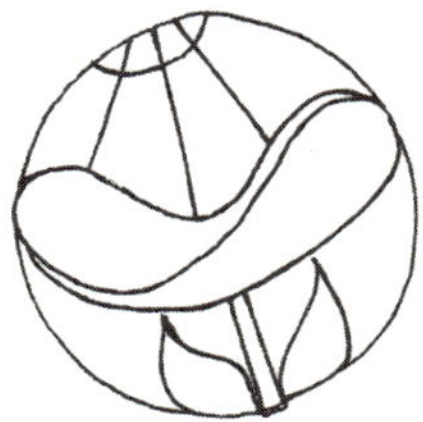

JUNI

23.

Heute bin ich in der Küche kreativ und koche
aus frischen Früchten Marmelade.
Es ist einfach und befriedigend, köstliche Vorräte zuzubereiten.

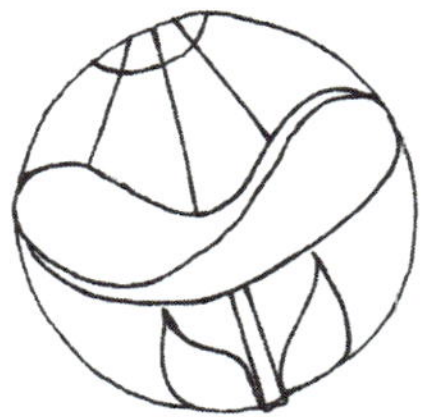

JUNI

24.

Ein Lächeln auf meinem Weg zur Arbeit, ein freundliches Nicken im Aufzug, in der Straßenbahn ein paar Minuten die Augen schließen und nach innen schauen – so gehe ich heute durch den Tag.

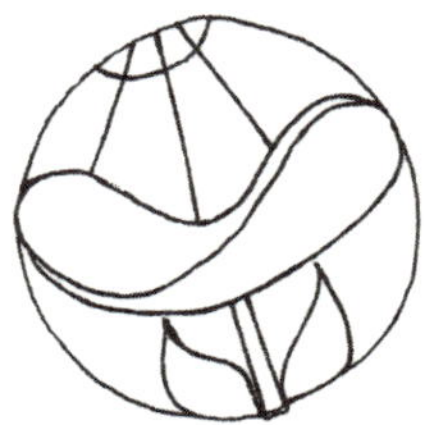

JUNI

25.

Heute suche ich einen Ort auf, der mich
innerlich zur Ruhe kommen lässt:
Ich mache einen Spaziergang im Wald und lausche den Vögeln.

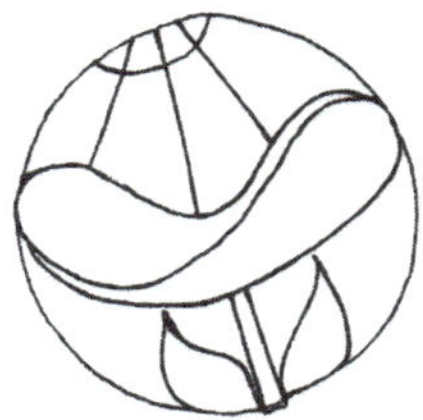

J U N I

26.

Jede Schwierigkeit, der ich mich heute stelle, bietet mir
die Chance zu persönlichem Wachstum.
Dieses Wissen begleitet mich durch den Tag.

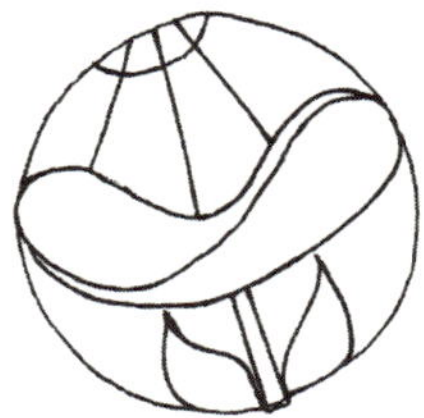

JUNI

27.

Heute bin ich offen für die Sorgen und Probleme meiner Familie.
Ich tröste und unterstütze sie.
Dadurch fühle ich mich mit ihnen tief verbunden.

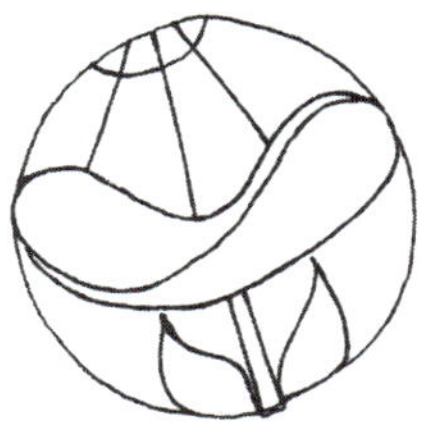

28.

Auch ich brauche Menschen, die mir zuhören und helfen.
Heute wende ich mich mit meinen Fragen und Zweifeln
an eine Person meines Vertrauens.

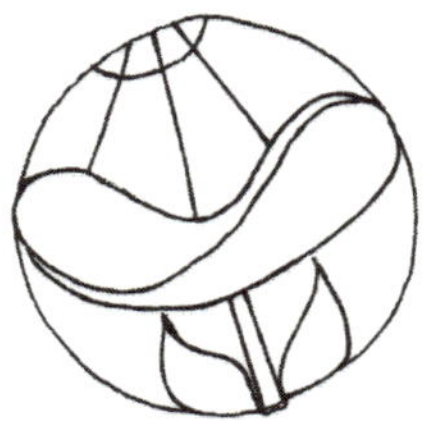

JUNI

29.

Wie steht es mit meinen Hobbys? Nehme ich mir genügend Zeit für die Gartenarbeit, die ich so liebe, fürs Fotografieren, für Sport oder Lesen? Heute will ich mich in meiner Freizeit meinen Passionen widmen.

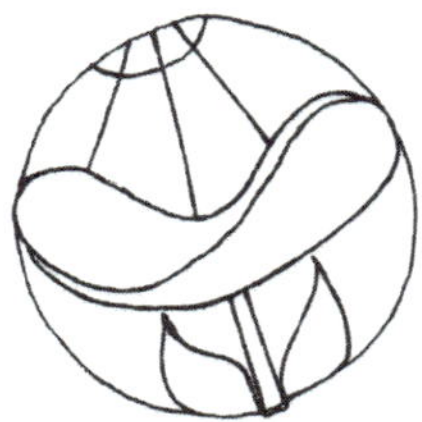

JUNI

30.

Ein Picknick im Grünen oder Grillen im Garten –
das sind Sommerfreuden. Heute lade ich für nächstes Wochenende
Freunde zu einer geselligen Runde im Freien ein.

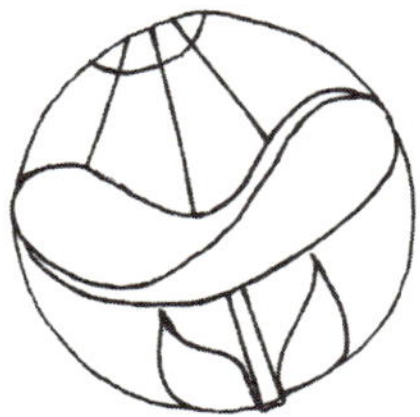

JUNI

1.

**Wende dein Gesicht der Sonne zu,
und du lässt die Schatten hinter dir.**

Afrikanisches Sprichwort

Träume sind Reisen meiner Seele. Und wie auf jeder Reise kann ich im Träumen Neues erfahren, Kraft schöpfen, meinen Horizont erweitern. Heute erlaube ich mir zu träumen.

JULI

2.

Als Kind bin ich gerne barfuß gelaufen.
Das will ich heute wieder ausprobieren. Mit nackten Füßen laufe ich auf Rasen, auf Sandwegen. Ich spüre das Gras an meinen Fußsohlen, den Kontakt zur Erde.

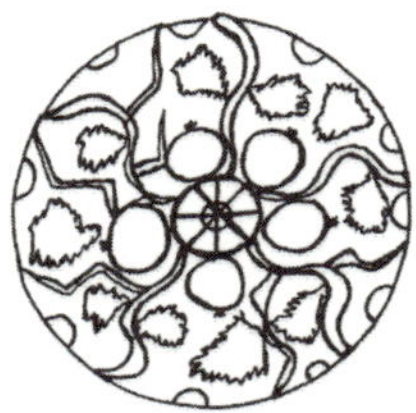

3.

Dieser Tag soll unbeschwert sein: Ich will Freude und Spaß erleben. Deshalb suche ich heute die Nähe zu fröhlichen Menschen.

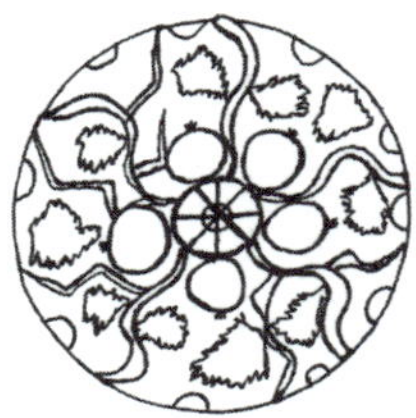

JULI

4.

Längst hat die Badesaison begonnen. Wenn das Wetter gut ist, gehe ich heute an einen See oder ins Freibad. Ich genieße das erfrischende Nass und beobachte das lustige Treiben im Wasser.

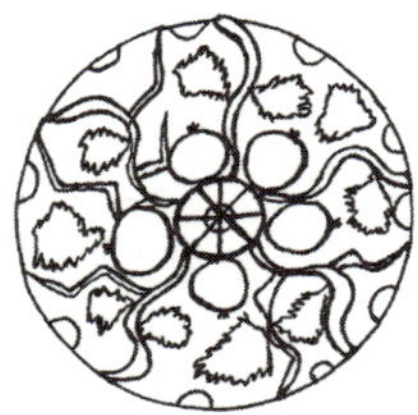

5.

Eine kulturelle Veranstaltung unter freiem Himmel ist ein besonderer Genuss. Heute kaufe ich für mich und meinen Partner oder meine Partnerin Karten für ein Freiluftkonzert oder -theater.

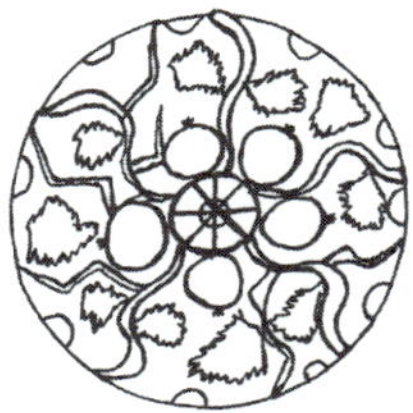

6.

Heute will ich mit Kindern spielen – mit meinen eigenen, mit Kindern von Freunden. Warum nicht ein Ballspiel, bei dem wir uns im Wettkampf austoben können?

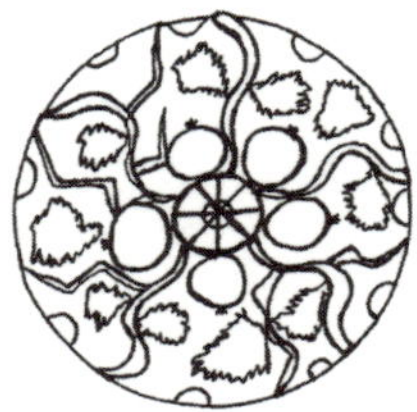

JULI

7.

Ich genieße diesen Sommer in vollen Zügen.
Heute plane ich für den nächst möglichen Tag einen Ausflug
mit meiner Familie oder mit Freunden.

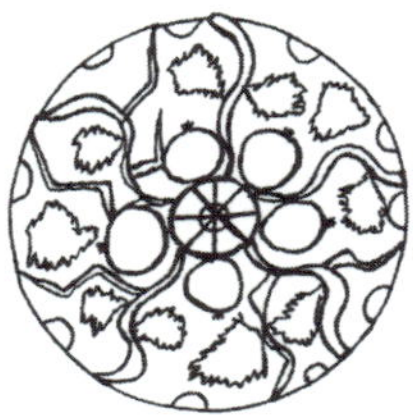

JULI

8.

Heute freue ich mich einfach an den Schönheiten, die dieser Monat zu bieten hat: an einem leuchtend rotem Mohnfeld, am unermüdlichen Grillengezirp, an Glühwürmchen, die durch die Nacht tänzeln.

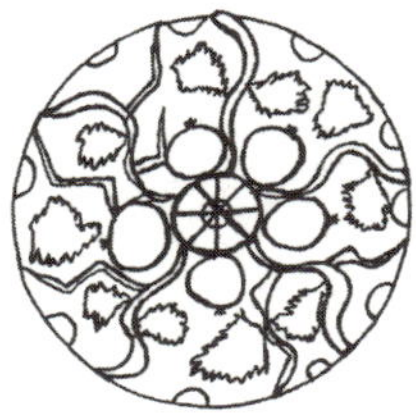

9.

Meine Zeit auf dieser Erde ist begrenzt.
In diesem Bewusstsein will ich alles, was ich heute erlebe –
Alltägliches und Besonderes – auskosten.

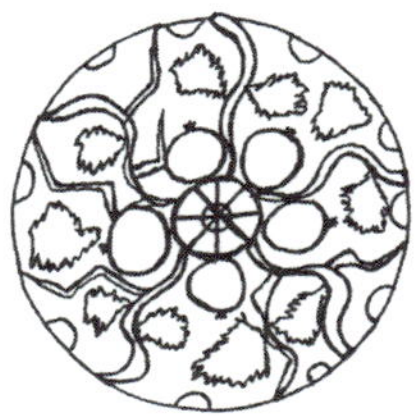

10.

Heute will ich meine Gefühle unverhohlen zum Ausdruck bringen:
Wenn ich fröhlich bin, pfeife ich und mache einen Luftsprung.
Bin ich wütend, zeige ich das.
Weinend gebe ich mich meiner Trauer hin.

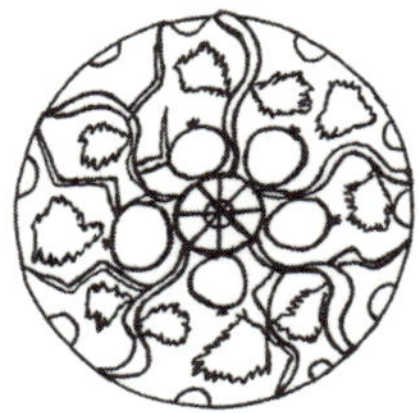

JULI

11.

Es ist schön, anderen Menschen eine Hilfe zu sein.
Heute mache ich mir klar, dass ich Rat gebend zur Seite stehen kann –
Verantwortung übernehmen und den Schritt gehen
müssen Hilfesuchende selber.

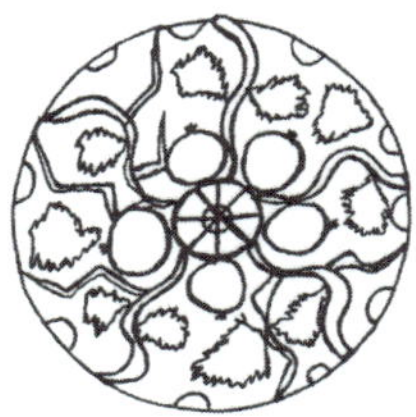

JULI

12.

Wir Menschen sind soziale Wesen und kommen nicht ohne einander aus. Heute weiß ich, dass ich ein Recht auf Unterstützung habe.

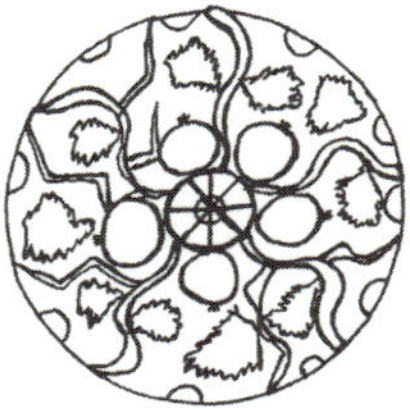

13.

Zerstreuung, die Zeit verstreichen lassen, ohne etwas Nützliches zu tun – das hat in meinem Leben viel zu wenig Platz. Heute lege ich mich in eine blühende Wiese, schaue in den Himmel und lasse meine Gedanken schweifen.

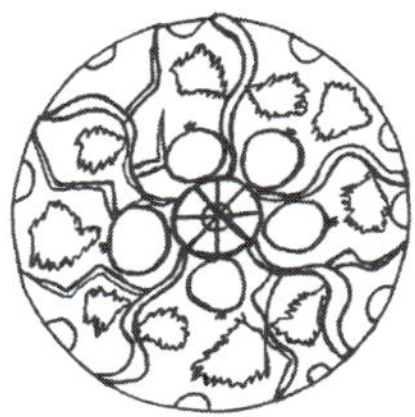

JULI

14.

Wie oft schon habe ich mir Sorgen gemacht, um hinterher festzustellen, dass doch alles seinen Lauf nimmt und gut wird. Heute habe ich Vertrauen in mich und die Welt.

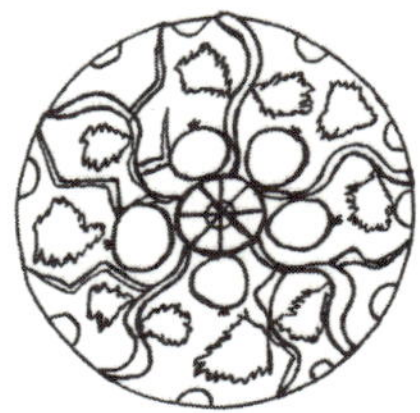

JULI

15.

Persönlicher Einsatz, um eine Sache gut zu machen, befriedigt mich.
Heute will ich mich in meiner Arbeit engagieren.

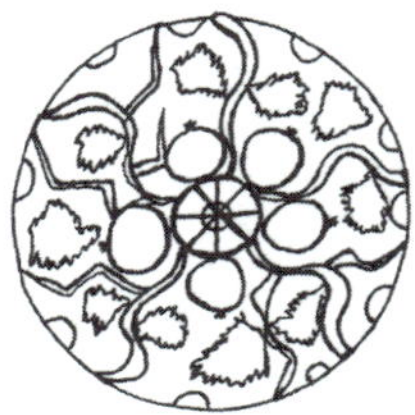

J U L I

16.

Alles hat seine Zeit. Wenn ich heute spüre, das mir ein Vorhaben nur mühsam gelingen will, lasse ich es los. Zum richtigen Zeitpunkt und in guter Verfassung werde ich die Aufgabe in der Hälfte der Zeit erledigen.

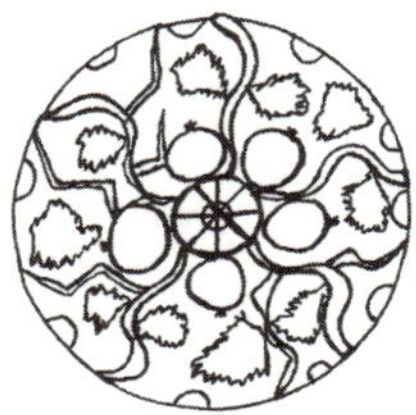

17.

Heute suche ich einen Ort der Stille auf. Ich gehe in eine Kirche, setze mich in eine Bank und lasse die Atmosphäre auf mich wirken.

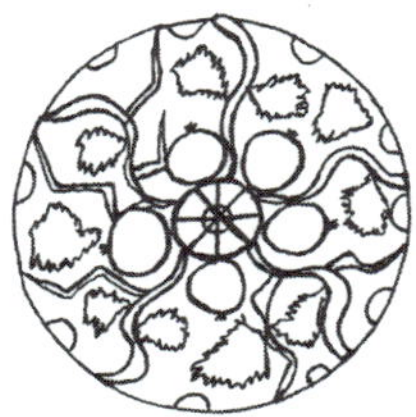

JULI

18.

**Heute nehme ich Kontakt zu der Stille in mir auf.
Ich setze mich an einen Platz, an dem ich ungestört bin
und horche in mich hinein. Allmählich spüre ich,
dass alles im Leben einen Sinn hat.**

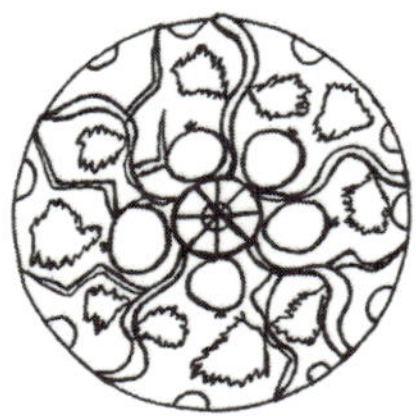

19.

Bei meinen Aktivitäten verlangsame ich heute mein Tempo.
Ich werde alles Notwendige erledigen
und kann es auch noch genießen.

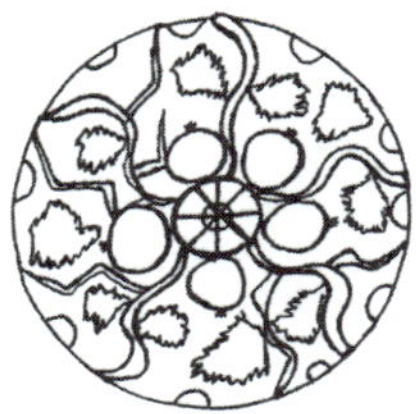

J U L I

20.

Hin und wieder ein kleiner Luxus macht das Leben süß und leicht. Heute kaufe ich mir etwas, das mir gefällt, auch wenn ich es nicht unbedingt brauche: eine modische Sonnenbrille, ein hübsches Tuch, eine schöne Vase.

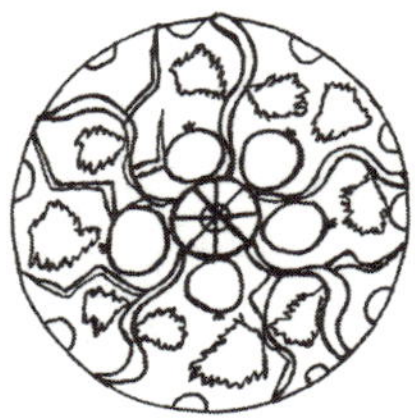

21.

Heute bin ich einverstanden und versöhnt, dass alles so ist, wie es ist. Ich danke der Erde, dass sich mich trägt und meinem Herzen, dass es schlägt.

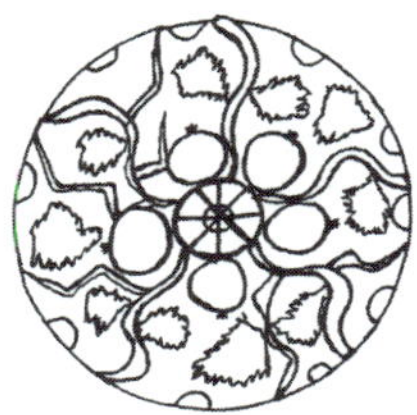

JULI

22.

Wie gehe ich in den heutigen Tag? Ruhig und zuversichtlich, neugierig, gelangweilt oder gar gehetzt? Ich schließe die Augen, atme tief durch und weiß, dass ich immer wieder zur Gelassenheit zurückkehren kann.

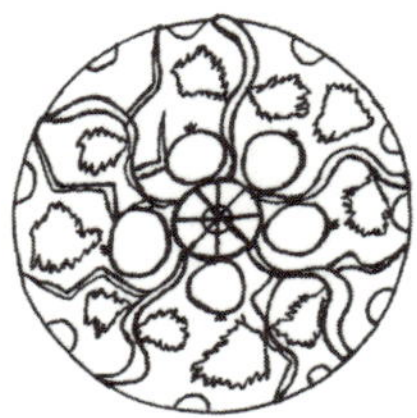

23.

Ehe ich heute abend zu Bett gehe, lasse ich den Tag nochmals an mir vorüberziehen. Bin ich gut mit mir und mit anderen umgegangen?

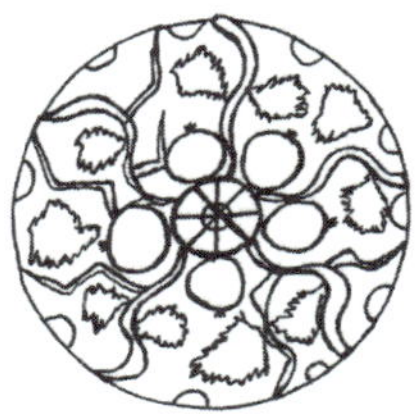

24.

**Heute freue ich mich an der Fülle des Sommers.
Ich sehe üppig blühende Geranien und halte meine Nase
an duftende Rosen.**

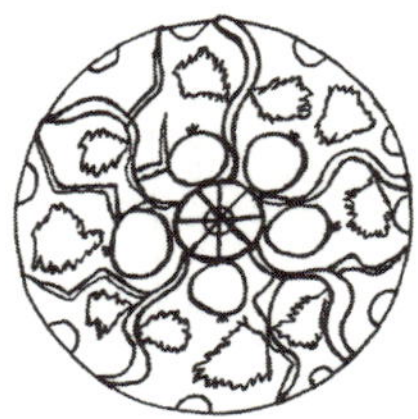

J U L I

25.

Ist heute Juliwetter? Dann will ich abends mit Freunden in einen Biergarten gehen und in gemütlicher Runde den lauen Sommerabend genießen.

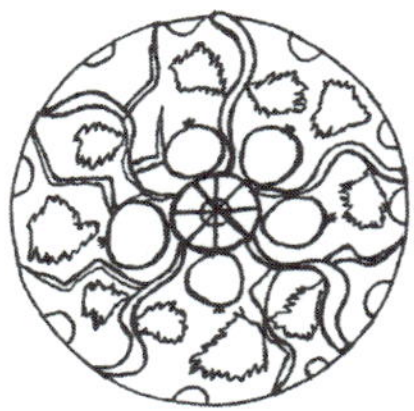

26.

Hin und wieder fällt uns das Glück in den Schoß.
Manchmal genügt es, einfach offen zu sein
für die kleinen Ereignisse und Geschenke.
Heute gehe ich vertrauensvoll und optimistisch in den Tag.

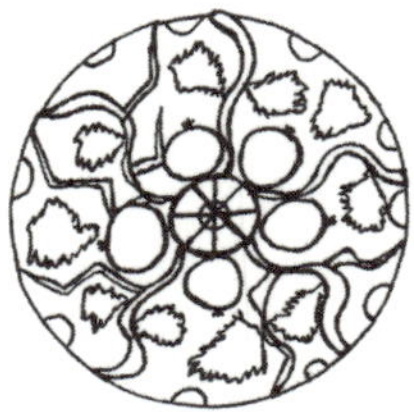

J U L I

27.

In diesen lauen Nächten fühle ich mich draußen sehr wohl.
Heute entscheide ich, demnächst unterm Sternenhimmel zu schlafen –
in meinem Garten, auf dem Balkon.
Vielleicht mache ich das schon heute nacht.

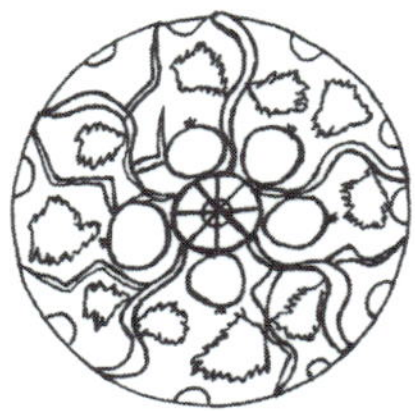

J U L I

28.

Heute bin ich kreativ: in der Art, wie ich mich kleide, aber auch beim Kochen, beim Tischdecken und beim Anrichten der Speisen.

JULI

29.

Ich stehe im Fluss des Lebens: Oft scheint die Sonne,
immer wieder aber ist auch Sturm, Unwetter, verhangener Himmel.
Heute bin ich geduldig und liebevoll mit mir,
wenn mein innerer Himmel trüb ist.

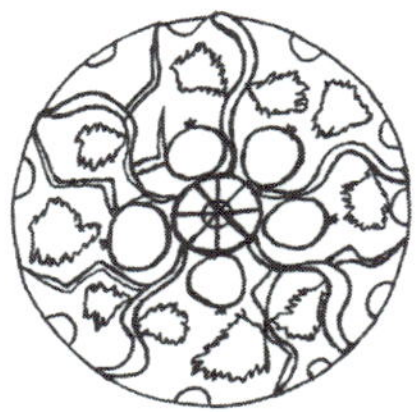

30.

Wie geht es den Menschen um mich herum?
Heute besuche ich eine Person, die bedürftig ist und
mein Kontaktangebot annehmen kann.

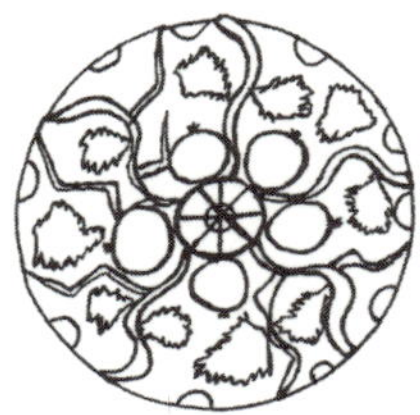

JULI

31.

Heute mache ich es wie die Südländer.
Ich lege mich mittags zu einem Nickerchen hin
und starte hinterher den Tag mit neuer Frische.

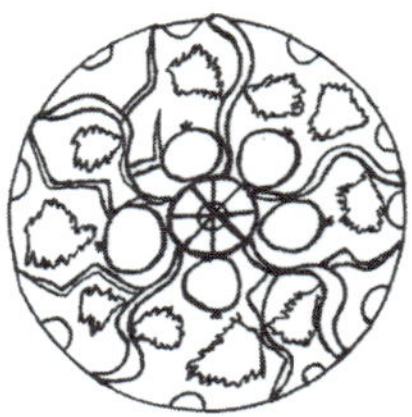

1.

Welch ein Glück, dass es die einfachen Dinge immer noch gibt, immer noch Felder und rauschende Bäume und den Mond am Himmel, so hoch aufgehängt, dass ihn niemand den Nachbarn zum Trotz herunterschneiden kann.

Karl Heinrich Waggerl

Ich richte heute meinen Blick auf die Geschenke des Sommers: auf leuchtende Sonnenblumen, auf bunte Schmetterlinge, die durch die Luft gaukeln.

2.

Heute genieße ich den August in seiner Vielfalt: Ob die Sonne brennt, ob ein Gewitter die schwüle Luft kühlt oder ob es verhangen und unbeständig ist.

AUGUST

3.

Liebe beginnt immer bei mir selbst. Heute rufe ich mir fünf Dinge ins Gedächtnis, die ich an mir mag. Ich würdige diese Eigenschaften und Verhaltensweisen und bin stolz auf mich.

AUGUST

4.

Wie jeder Mensch, so habe auch ich meine Schattenseiten. Heute betrachte ich einen meiner negativen Züge und überlege mir, ob ich ihn verändern will. Vielleicht durch Disziplin, vielleicht durch Humor oder durch Gelassenheit.

5.

Irren ist menschlich.
Heute bin ich nachsichtig mit mir, wenn ich einen Fehler mache oder meinen Ansprüchen nicht gerecht werde.

AUGUST

6.

Auch andere Menschen haben gute und weniger gute Tage.
Ich sehe ihnen heute ihre Missgeschicke nach und nehme sie
als das, was sie sind – Menschlichkeiten.

7.

Wunschträume sind wie ein Motor im Alltag. Heute erlaube ich mir, einem meiner Träume nachzugehen, ihn zu formulieren und auszumalen.

AUGUST

8.

Heute will ich meine Verantwortung als Bürger, als Bürgerin
dieser Gesellschaft bewusst leben.
Wenn ich eine Ungerechtigkeit sehe, spreche ich sie an.

AUGUST

9.

Ich prüfe heute, ob mein Alltag mit meinen Lebenszielen übereinstimmt. Widersprüche will ich mir ansehen und mit einem Menschen meines Vertrauens darüber sprechen.

AUGUST

10.

Ich verwöhne mich heute und gönne mir etwas Luxus:
Statt zu kochen gehe ich essen, statt mit dem Bus zu fahren
nehme ich ein Taxi.

AUGUST

11.

Kontakt und Nähe zu anderen Menschen nähren meine Seele.
Heute umgebe ich mich nur mit Personen,
die mich respektieren und mir gut tun.

AUGUST

12.

Heute will ich meine Liebsten fördern und unterstützen.
Ich freue mich an ihren Erfolgen und mache ihnen Mut,
ihre Talente auszubilden.

AUGUST

13.

Es ist nie zu spät, um etwas Neues anzufangen.
Wollte ich nicht schon längst eine Sprache lernen,
einen Nähkurs machen, ein Musikinstrument spielen?
Heute entscheide ich, eines meiner Wunschziele umzusetzen.

AUGUST

14.

Heute bin ich mutig: Ich spreche einen Menschen an,
um den ich bisher einen Bogen machte.
Meine Welt wird dadurch ein Stückchen weiter.

AUGUST

15.

Sommerzeit ist Urlaubszeit – das können auch schon ein paar Stunden sein. Wenn das Wetter schön ist, gehe ich heute an einen Baggerseeoder ins Freibad und genieße das kühle Nass.

AUGUST

16.

Heute mache ich eine Reise in meine Vergangenheit.
Was habe ich als Kind im Hochsommer gerne gemacht?
Wann war ich glücklich? Ich versuche, diese Erinnerungen
in mein jetziges Leben zu integrieren.

AUGUST

17.

Der Zufall ist immer kraftvoll. Heute will ich offen sein für die Ereignisse des Lebens, die meistens anders kommen, als ich sie erwarte.

AUGUST

18.

Heute führe ich all meine Aufgaben achtsam und bewusst aus.
Ich nehme mir die Zeit, die ich brauche, um
meine Angelegenheiten zu erledigen und freue mich
an meiner Handlungsfähigkeit.

AUGUST

19.

Was gestern war, was morgen sein wird, ist heute zweitrangig.
Ich richte meine Aufmerksamkeit auf diesen Tag
und diesen Augenblick: Ich lebe jetzt.

AUGUST

20.

Natürlich ist es wichtig, große Ziele zu haben.
Aber ebenso wichtig ist es, täglich die kleinen Schritte zu machen,
die mich zu meinem großen Ziel führen.

AUGUST

21.

Heute weiß ich, dass ich für meine Entscheidungen und Handlungen,
für mich und mein Leben verantwortlich bin.
Ebenso tragen meine Mitmenschen die Verantwortung
für ihre Schritte und ihr Leben.

AUGUST

22.

Ich bin einmalig und individuell.
Kein zweites Wesen auf dieser Welt ist wie ich.
Dieser Einzigartigkeit bin ich mir heute bewusst.

AUGUST

23.

Die Menschen um mich herum betrachte ich heute so, als würde ich sie zum ersten Mal sehen. Wie bewegen sie sich, wie sprechen und handeln sie? Mit unverstelltem Blick kann ich meine Mitmenschen anders kennen lernen.

AUGUST

24.

Den heutigen Tag beginne ich vertrauensvoll und mit einem Lächeln.
Was auch immer ansteht: Ich werde meinen Teil tun,
der Rest liegt nicht in meiner Hand.

AUGUST

25.

Ehe ich mich heute schlafen lege, lasse ich den Tag nochmal
an mir vorüberziehen. Ich freue mich über die gelungenen Ereignisse
und versöhne mich mit den Schwierigkeiten,
die ich zu bewältigen hatte.

AUGUST

26.

Ich achte heute auf meine Haltung.
Dabei spüre ich, wie der aufrechte Gang meine
innere Haltung beeinflusst und mein Selbstwertgefühl stärkt.

AUGUST

27.

Heute weiß ich, dass ich nicht alleine bin.
Menschen und Kräfte haben mich bisher auf meinem Weg begleitet.
So wird es auch weiterhin sein.

AUGUST

28.

Meine Liebe und Aufmerksamkeit gelten heute meinen Eltern, meinen Kindern, meinem Partner oder meiner Partnerin. Wenn sie mich brauchen, bin ich für sie da.

AUGUST

29.

Heute bin ich dankbar für das scheinbar selbstverständliche Glück in meinem Leben: Ich habe zu essen, ein Dach über dem Kopf und Menschen, die mich lieben.

AUGUST

30.

Der August ist fast zu Ende. Bei einem Spaziergang will ich heute bewusst die spätsommerliche Luft einatmen und die Natur betrachten, die schon einen herbstlichen Hauch trägt.

AUGUST

31.

Zeit der Reife, Zeit der Ernte.
Heute freue im mich an der verschwenderischen Fülle
in Gärten und auf Bäumen.

AUGUST

1.

Es ist nicht leicht, das Glück in sich selbst zu finden, doch es ist unmöglich, es anderswo zu finden.

Agnes Repplier

Selbstvergessen wie ein Kind betrachte ich heute die wunderbaren Dinge dieser Welt: die Wolken, die über den Himmel ziehen und sich ständig verändern, den Marienkäfer, der über meine Hand krabbelt.

SEPTEMBER

2.

Eine pflichtbewusste Haltung ist wichtig und sinnvoll.
Aber Pflichten dürfen nicht wichtiger werden als Menschen,
als Gefühle. Heute will ich meine Pflichten nebenbei erfüllen.

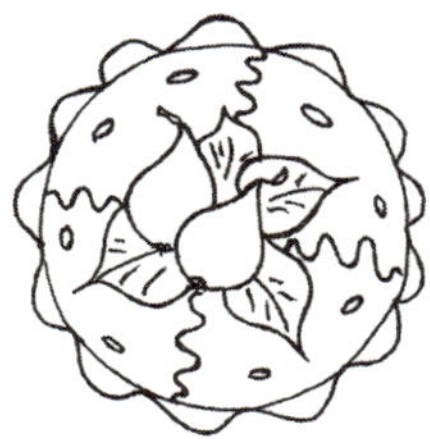

SEPTEMBER

3.

Heute weiß ich, dass Glück ein Geschenk ist.
Es fliegt mir überraschend zu wie ein schöner Falter,
der mich kurz entzückt und wieder verschwindet.

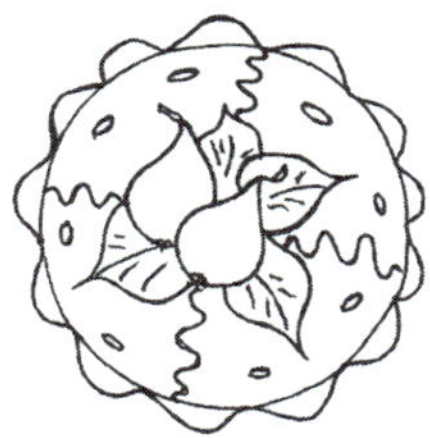

SEPTEMBER

4.

Zeiten des Alleinseins sind klärend und notwendig.
Heute habe ich eine Stunde Zeit für mich. Ich werde nichts tun,
einfach dasitzen und in mich hinein hören.

SEPTEMBER

5.

Heute lasse ich mich von meinem Herzen leiten.
Ich entdecke in mir und in anderen Menschen das Gute.

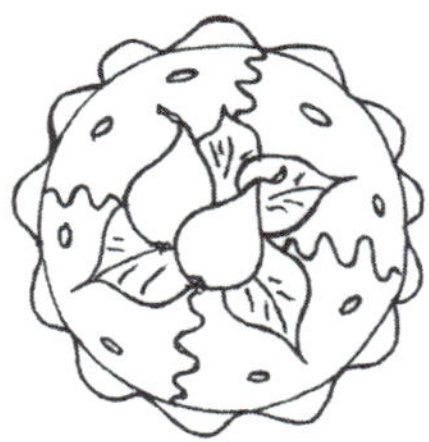

SEPTEMBER

6.

Ehrfürchtig sein bedeutet innehalten und wahrnehmen.
Heute will ich mir die Weite des Weltalls, die Schönheit
von Sonnenaufgang und Sonnenuntergang vergegenwärtigen.

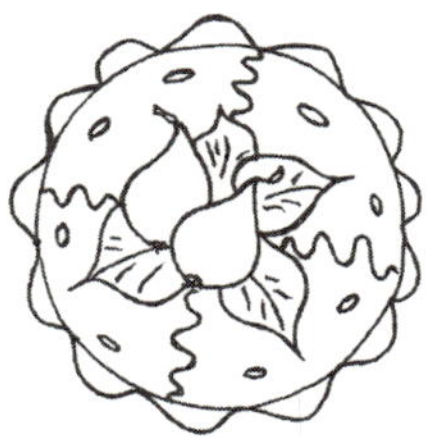

SEPTEMBER

7.

September ist Wandermonat. Ich plane heute für eines der kommenden Wochenenden eine ausgiebige Wanderung in einer reizvollen Landschaft.

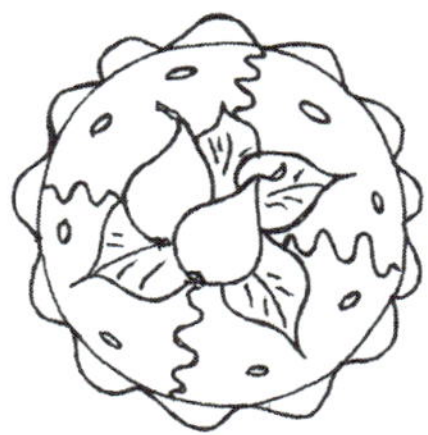

8.

Altweibersommer – langsam verabschiedet sich die warme Jahreszeit.
Ich genieße heute die milde Luft, den Zauber dieser Tage,
an denen das Vergängliche spürbar ist.

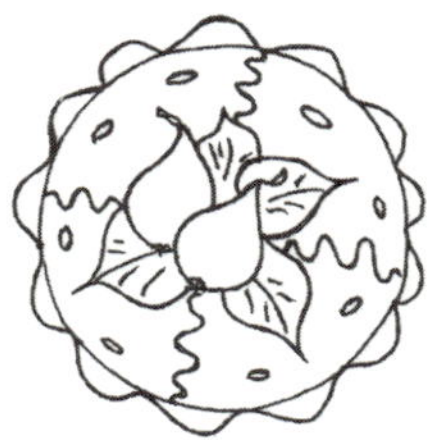

SEPTEMBER

9.

Heute gehe ich in mich und ziehe Bilanz. Was habe ich schon alles in meinem Leben erreicht? Ich blicke auf meine Etappen und Erfolge, auch auf das, was ich auf Umwegen lernen musste.
Es ist gut, wie alles geworden ist.

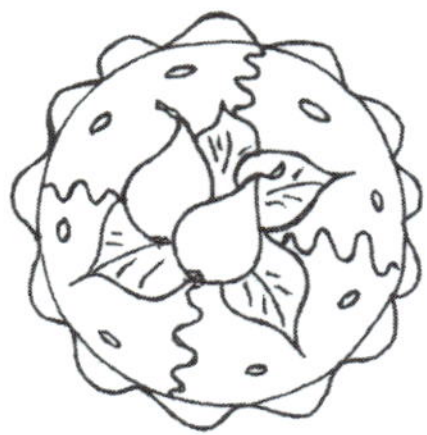

SEPTEMBER

10.

**Leben bedeutet Wachstum und Veränderung.
Das führt mich auch immer wieder durch Zeiten der Unsicherheit.
Heute habe ich Vertrauen. Ich weiß: Der Wechsel ist
das einzig Beständige im Leben.**

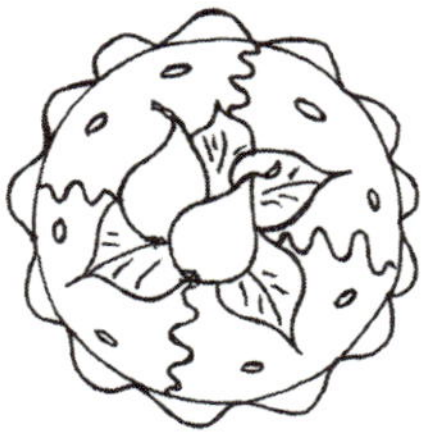

SEPTEMBER

11.

Schon lange möchte ich etwas für mein körperliches Wohlbefinden tun.
Mit einem kleinen Schritt fange ich heute an:
Vor dem Frühstück mache ich einige Dehnübungen.
Diese Übungen gehören künftig zu meinem Tagesstart.

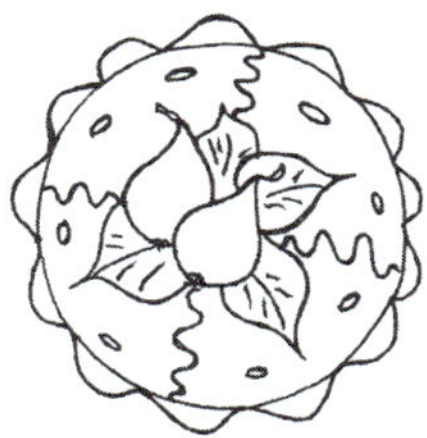

SEPTEMBER

12.

Schöne Musik bringt meine Gefühle zum Schwingen.
In einer stillen Stunde höre ich heute meine Lieblingsmusik,
seien es alte Schlagermelodien, sei es Klassik, Folklore
oder moderne Musik.

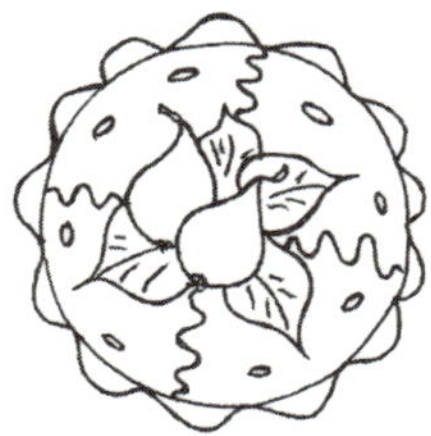

SEPTEMBER

13.

Heute achte ich auf meine Gaumenfreuden.
Ich schmecke, dass eine Scheibe Schwarzbrot mit Butter
ein großer Genuss sein kann.

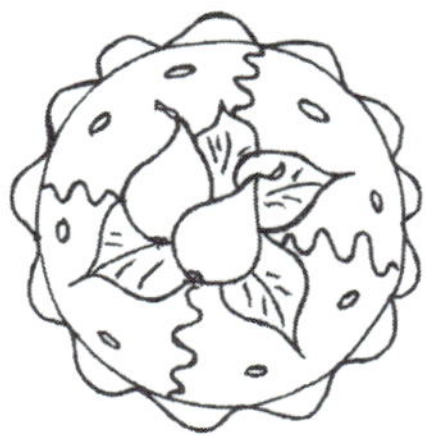

14.

Was bedeutet Glück für mich?
Heute denke ich an einen besonders glücklichen Tag
in meinem Leben.

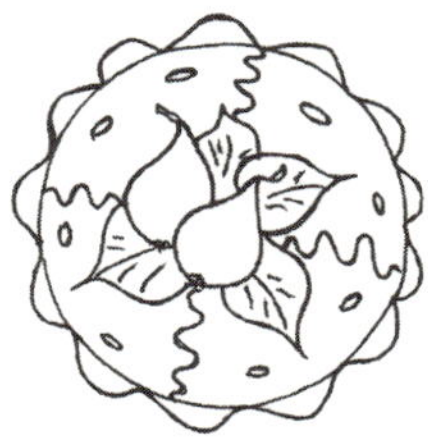

SEPTEMBER

15.

Heute will ich offen auf Menschen zugehen.
Ich mache eine neue Bekanntschaft – beim Einkaufen, in der Arbeit,
beim Spaziergang. Gezielt spreche ich jemanden an,
der mir sympathisch ist.

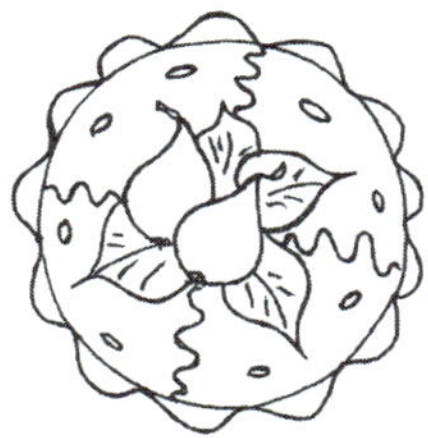

SEPTEMBER

16.

Kleider machen Leute. Heute achte ich bewusst darauf, wie ich mich fühle und wie ich auftreten möchte. Ich ziehe das an, was zu meiner Stimmung passt.

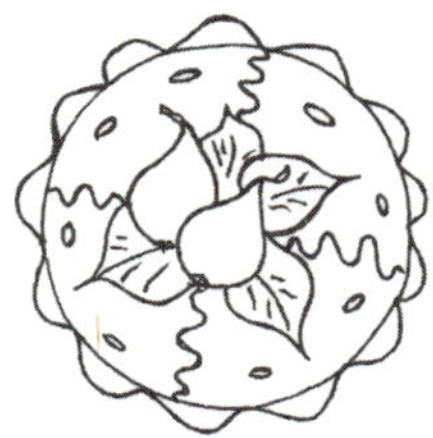

S E P T E M B E R

17.

Ich gönne mir heute einen Besuch in einem stilvollen Café.
Dort schlürfe ich eine Tasse Schokolade oder ein Kännchen feinen Tee,
lausche dem Geplauder, beobachte das Treiben und
lasse mich anregen von dieser Atmosphäre.

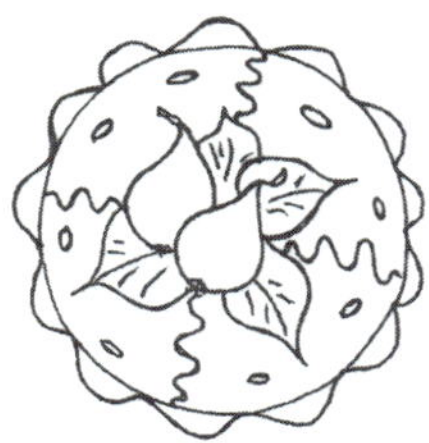

SEPTEMBER

18.

Auch zu Hause kann ich meine Tee- oder Kaffeestunde zelebrieren: mit schönem Geschirr am liebevoll gedeckten Tisch.

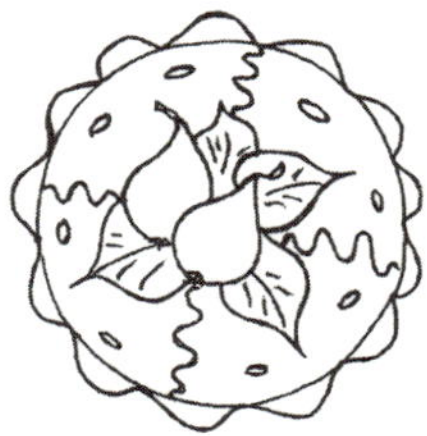

SEPTEMBER

19.

Mein Wohlbefinden hängt sehr davon ab, ob ich ehrlich bin und zu mir stehe. Heute sage ich mutig meine Meinung, auch wenn ich damit alleine stehe.

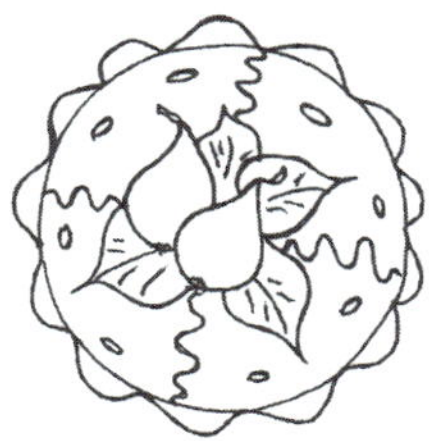

20.

Auch mir selbst gegenüber will ich ehrlich sein.
Heute achte ich darauf, ob ich wirklich aufrichtig gegenüber meinen eigenen Wertvorstellungen lebe.

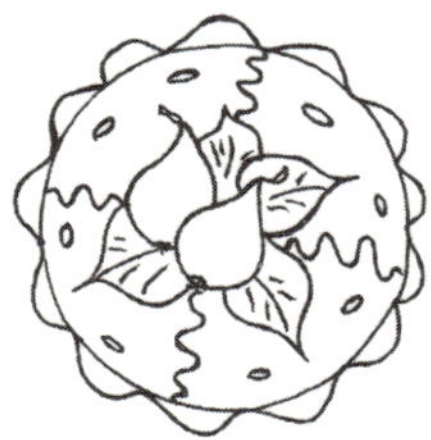

SEPTEMBER

21.

Heute richte ich meinen Blick auf die großartigen Dinge, die Menschen geschaffen: auf Flugzeuge und Computer, auf Brücken und Gebäude. Ich staune über die Größe des menschlichen Erfindergeistes.

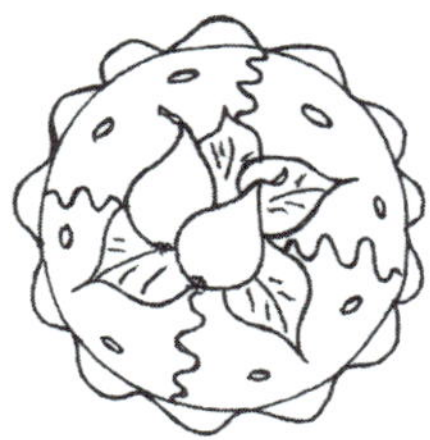

SEPTEMBER

22.

Heute ist Tag- und Nachtgleiche – Herbstanfang.
Bewusst stimme ich mich auf die dritte Jahreszeit ein.
Bald färbt sich das Laub, Bäume und Sträucher feiern
noch einmal eine große Farborgie.

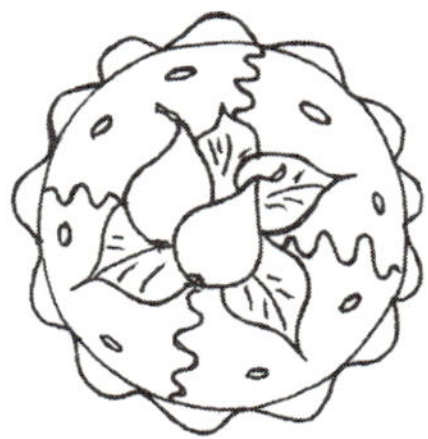

SEPTEMBER

23.

Staunend beobachte ich heute die Wunder der Natur.
Ich freue mich an einem fein verästelten Spinnennetz,
am Zug der Vogelschwärme, die in den Süden fliegen.

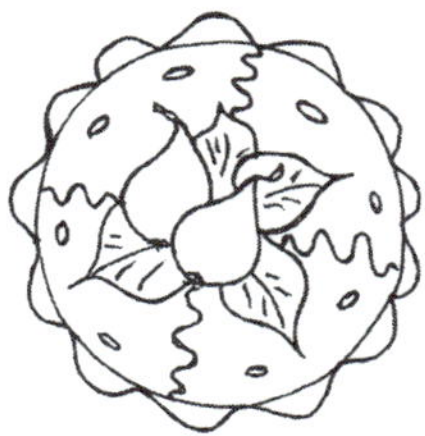

SEPTEMBER

24.

Habe ich diesen Herbst schon geerntet?

Heute gehe ich in einen Obstgarten – in meinen oder in den von Freunden – und pflücke Äpfel. Ich mache diese Ernte mit Freude.

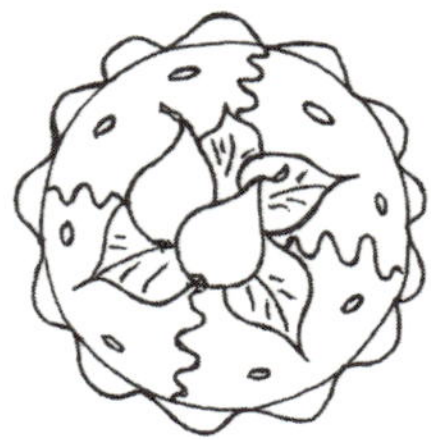

SEPTEMBER

25.

Heute weiß ich, dass der Prozess meines Lebens vielfältiger ist, als ich es je planen könnte. Die unvorhergesehenen Erfahrungen schmücken den Teppich meines Lebens und machen mich reich.

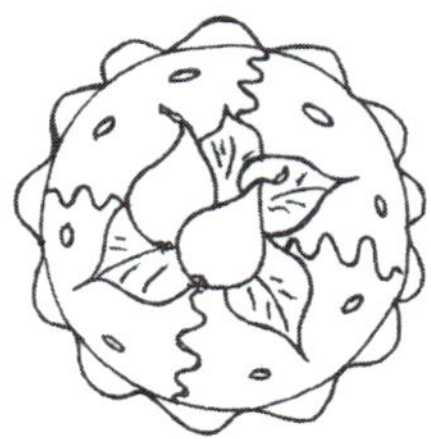

26.

Ich nähre heute in mir den Wunsch, dass mir vieles möglich ist, wenn ich es wirklich will und meine Möglichkeiten einsetze.

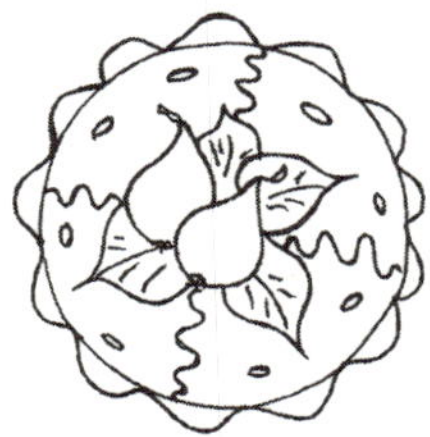

SEPTEMBER

27.

Schenken ist manchmal schöner als beschenkt werden.
Heute mache ich jemandem ein kleines Geschenk.
Ich bin glücklich, dass ich Menschen eine Freude machen kann.

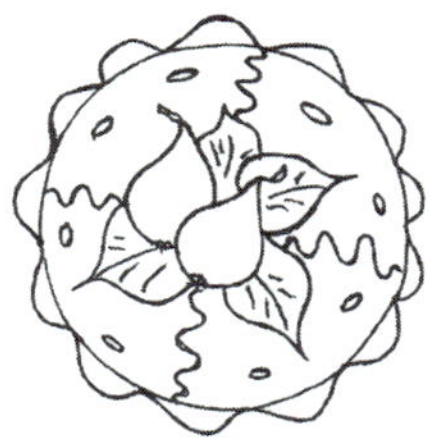

S E P T E M B E R

28.

Ich will heute Spaß haben. Ein witziger Film im Kino oder Fernsehen, ein heiteres Buch, humorvolle Menschen bringen mich zum Lachen. Ich genieße die Leichtigkeit des Lebens.

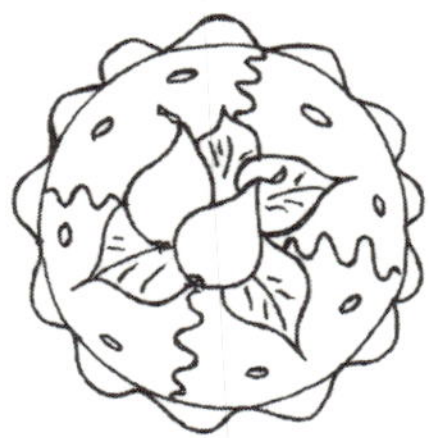

29.

Neues erfrischt. Heute bin ich experimentierfreudig.
Ich übernehme in der Arbeit eine neue Aufgabe und freue mich,
dass ich diesen Schritt getan habe.

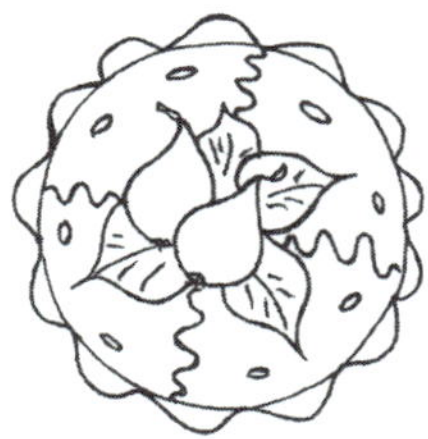

SEPTEMBER

30.

Rhythmus gibt Sicherheit. Heute bin ich einverstanden, dass nichts Besonderes geschieht. Mein Alltag füllt mich aus.

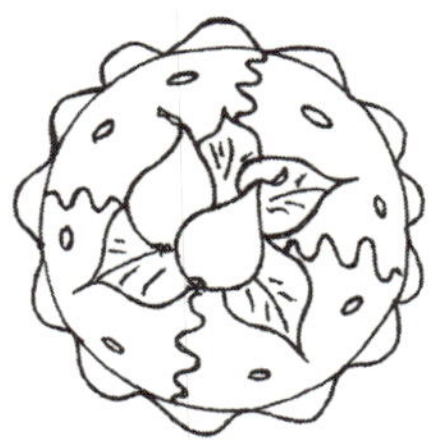

SEPTEMBER

1.

**Dem Fröhlichen ist jedes Unkraut eine Blume,
dem Betrübten jede Blume ein Unkraut.**

Finnisches Sprichwort

Übermorgen ist Feiertag – die Wiedervereinigung Deutschlands jährt sich. Für diesen Tag plane ich heute eine schöne Herbstwanderung mit Freunden. Bei Schmuddelwetter machen wir es uns drinnen gemütlich.

OKTOBER

2.

Der heutige Tag ist für mich eine kleine Insel.
Ich delegiere viele meiner täglichen Pflichten an meine Familie
und nehme mir einfach frei.

OKTOBER

3.

Beim Spaziergang durch raschelndes Laub erlebe ich heute die intensive Herbststimmung: die tief stehende Oktobersonne oder nebelgeschwängerte Luft, duftende Kastanien auf der Erde, bunt gefärbte Wälder.

OKTOBER

4.

Drachen steigen lassen – das macht Kindern und Erwachsenen Spaß.
Bläst an einem der kommenden Tage der Wind, lasse ich
mit meinem Patenkind den Drachen durch die Herbstluft jagen.

OKTOBER

5.

Steht mir heute eine unangenehme Aufgabe bevor, so will ich sie beherzt angehen und mich nach getaner Tat belohnen – vielleicht mit einer kleinen Leckerei.

OKTOBER

6.

Der Abschied vom Sommer, die Umstellung
auf die kühle Jahreszeit kostet Kraft.
Ich achte heute darauf, dass ich genügend Ruhe bekomme.

OKTOBER

7.

Heute bin ich offen für Anregungen und Vorschläge,
die mir von anderen Menschen zugetragen werden.
Ich lerne Neues dazu.

OKTOBER

8.

Wir Menschen sind weder Engel noch sind wir perfekt.
Gelassen und heiter stehe ich heute zu meinen Unzulänglichkeiten.

OKTOBER

9.

Harmonie ist angenehm, doch sie hat ihren Preis.
Heute weiß ich, dass ich es nicht allen Menschen recht machen kann.
Wichtig ist, dass ich mir selbst treu bin,
ohne damit andere zu verletzen.

OKTOBER

10.

Toleranz bedeutet, die Meinungen anderer Menschen ebenso ernst zu nehmen wie meine eigene. Heute versuche ich, die Ansicht einer anderen Person nachzuvollziehen.

OKTOBER

11.

Heute bin ich großzügig und rücksichtsvoll. Ich lasse mich beim Autofahren nicht hetzen und überlasse anderen die Vorfahrt. Es tut mir gut, aus dem Drängeln und Hetzen auszusteigen.

OKTOBER

12.

Die Welt ist soviel größer als der menschliche Verstand.
Heute nehme ich die Schönheit wahr, die mich umgibt:
die leuchtenden Herbstfarben, die goldenen Oktobersonne.

13.

Mein Leben ist reich, weil Menschen vor mir gelebt
und diesen Reichtum möglich gemacht haben.
Sie haben Städte gebaut und soziale Systeme
des Zusammenlebens geschaffen, die heute noch funktionieren.
Heute freue ich mich an dem, was ich geschenkt bekommen habe.

OKTOBER

14.

Das Leben gleicht einem Gemälde.
Ich wünsche mir, dass der heutige Tag ein vielschichtiges,
buntes Bild wird, auf das ich stolz sein kann.

OKTOBER

15.

Es liegt an mir, wie ich mit meiner Zeit umgehe. Heute will ich sie als Geschenk sehen: Ich lebe im Augenblick, mache bewusst meine Erfahrungen und lasse die Zeit fließen, statt sie festhalten zu wollen oder gegen sie anzukämpfen.

OKTOBER

16.

Es ist gut, mir jeden Tag etwas Muße zu gönnen.
Heute mache ich mir klar, dass meine Arbeit
nicht meine einzige Qualität ist.

OKTOBER

17.

Heute achte ich auf die Grundbedürfnisse in meinem Leben: auf geregelte Mahlzeiten, Pausen in angemessenen Abständen und Kontakt zu Menschen. Es macht mich zufrieden, wenn ich mich gut versorge.

OKTOBER

18.

Manchmal nehme ich mich zu ernst. Heute weiß ich, dass ein Problem noch keine Lebenskrise ist. Ich sehe den Alltag mit Humor.

OKTOBER

19.

Wenn ich heute ins Grübeln gerate, will ich spazieren gehen oder putzen oder Rad fahren. Körperliche Betätigung bringt frischen Wind in meine Gedanken. Mein Geist wird klarer, und ich habe neue Ideen.

20.

Heute bin ich verspielt und kreativ. Ich sammle Kastanien und Blätter. Meine Fundstücke arrangiere ich zu einem herbstlichen Stilleben in meiner Wohnung.

OKTOBER

21.

Veränderungen erfrischen. Heute überlege ich,
ob und wie ich meine Wohnung verändern kann.
Vielleicht will ich ein paar Möbel umstellen.

OKTOBER

22.

Heute will ich mich innerlich sortieren. Ich prüfe, ob mein Alltag mit meinen Wertvorstellungen und Zielen übereinstimmt. Oft genügen schon kleine Korrekturen, um den Kurs zu ändern.

OKTOBER

23.

Ich bin heute großzügig mit mir. Ohne schlechtes Gewissen gönne ich mir ein Stück Torte, auch wenn ich sonst immer auf meine schlanke Linie achte.

OKTOBER

24.

Heute bin ich großzügig gegenüber meiner Familie.

Ich nehme mir Zeit für die Anliegen und Wünsche meiner Liebsten.

OKTOBER

25.

Ich will heute an meine Grenzen gehen. In der Arbeit nehme ich eine neue Herausforderung an, im Umgang mit anderen Menschen äußere ich mutig meine Ansichten.

OKTOBER

26.

Ein Plan hilft mir, meine Zeit zu strukturieren und effektiver damit umzugehen. Heute morgen mache ich mir einen Tagesplan und halte mich daran.

OKTOBER

27.

Manchmal sehne ich mich nach einem einfachen Leben.
Heute probiere ich es aus. Ich esse und trinke bescheiden
und verzichte auf Zerstreungen.
Diese Erfahrung gibt mir ein Gefühl von Freiheit.

OKTOBER

28.

Heute will ich meinem Körper etwas Gutes tun.
Ich gehe schwimmen, in die Sauna, lasse mich massieren.
Die körperliche Entspannung ist auch Balsam für meine Seele.

29.

Abwechslung macht das Leben süß. Heute abend gehe ich mit Freunden aus: Wir sehen uns einen schönen Film im Kino an oder trinken in einem gemütlichen Lokal ein Gläschen Wein.

OKTOBER

30.

Meine Sichtweise bestimmt, wie für mich der heutige Tag verläuft.
Gelingt mir vieles, so bin ich stolz und dankbar.
Probleme sehe ich als Herausforderung und Chance zu lernen.

OKTOBER

31.

Heute will ich mich so annehmen und liebhaben, wie ich bin –
mit all meinen Marotten und Unzulänglichkeiten
bin ich ein liebenswerter Mensch.

1.

Die Menschen kommen durch nichts den Göttern so nahe wie dadurch, dass sie andere Menschen glücklich machen.

Cicero

Im Spätherbst und besonders im November wird uns die Vergänglichkeit bewusst. Heute denke ich an Menschen, die nicht mehr in dieser Welt sind und die mir viel bedeuteten.

2.

Die Natur hüllt sich in Nebelschleier. Es ist Zeit, zur Ruhe zu kommen. Heute mache ich nur das Nötigste. Abends verkrieche ich mich mit einem spannenden Buch im Bett.

NOVEMBER

3.

An grauen Tagen braucht die Seele viel Licht und Farbe.
Heute kleide ich mich in leuchtenden Farben:
Ich trage einen roten Pulli, ein regenbogenbuntes Tuch.

NOVEMBER

4.

Auch wenn es Überwindung kostet: Heute mache ich einen flotten Spaziergang. Die frische Luft tut mir gut, und die Bewegung kurbelt meinen Kreislauf an.

NOVEMBER

5.

Auch kurze, graue Tage können schön sein, wenn ich mich darauf einstimme. Heute abend höre ich bei Kerzenschein eine entspannende Musik.

NOVEMBER

6.

Heute lasse ich Blumen sprechen. Ich schenke mir einen leuchtend bunten Strauß und schmücke damit meine Wohnung.

NOVEMBER

7.

Jetzt ist die richtige Zeit um Atem zu holen und innere Einkehr zu halten. Mit Yoga kann ich das unterstützen. Ich erkundige mich heute, wo ich einen Kurs machen kann und melde mich an.

NOVEMBER

8.

Schokolade weckt Glücksgefühle. Heute ist naschen erlaubt.
Wenn ich Appetit habe, gönne ich mir ein paar Stückchen
feine Vollmilch oder Zartbitter.

NOVEMBER

9.

Ein schönes Gespräch mit einem vertrauten Menschen öffnet mir das Herz. Heute telefoniere ich mit einer lieben Freundin.

NOVEMBER

10.

Auch wenn es draußen grau ist oder regnet, kann das meine Stimmung nicht drücken. Gut eingemummt marschiere ich los, der Wind bläst mir die trüben Gedanken aus dem Kopf.

NOVEMBER

11.

Was immer heute geschehen mag – ich weiß, dass jede Erfahrung mich reicher macht und ich daran wachse.

NOVEMBER

12.

Auf der ganzen Welt gibt es niemanden, der ebenso ist wie ich.
Heute bin ich mir meiner Einzigartigkeit bewusst.

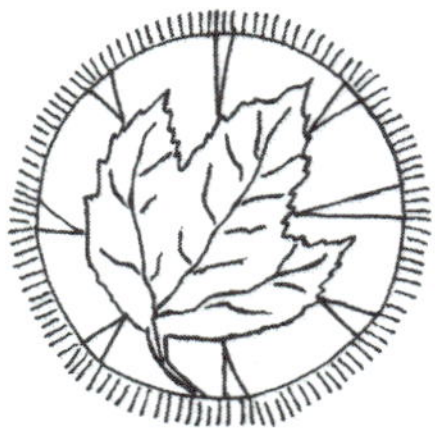

NOVEMBER

13.

Heute will ich mit Begeisterung in den Tag gehen.
Ich freue mich an allem, was ich anfange
und engagiere mich so gut ich kann.

NOVEMBER

14.

Ich bin dankbar, dass ich die Freiheit besitze zu entscheiden, wie ich handeln will. Heute weiß ich, dass nur ich allein mir diese Freiheit nehmen kann.

NOVEMBER

15.

Heute will ich beherzt meine Aufgaben anpacken.

Ich bemühe mich, bleibe bei der Sache und werde mich erfüllt fühlen.

NOVEMBER

16.

Heute begrüße ich den Tag mit einem Gebet oder einer Meditation.
Ich freue mich, am Leben zu sein und spüre:
Ich bin eingebettet in ein großes Ganzes.

NOVEMBER

17.

Heute ist es richtig und gut, einen anderen Menschen zu ermutigen.
Die Liebe und Unterstützung, die ich gebe, kehrt zu mir zurück.

NOVEMBER

18.

Das Heute liegt vor mir. Vielleicht bringt es Freuden,
vielleicht werde ich gefordert. Mein Entschluss, so gut wie möglich
zu handeln, wird mir helfen, alle Schwierigkeiten zu meistern.
Ich bin zuversichtlich.

NOVEMBER

19.

Heute ergreife ich die Initiative
und setze mich für etwas ein, das ich mir schon lange wünsche.
Ich werde erfolgreich sein.

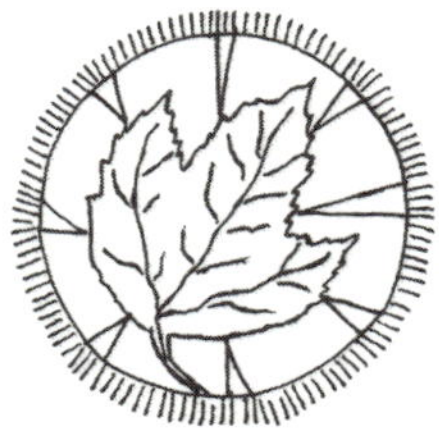

NOVEMBER

20.

Mein Leben ist wie ein bunt gewebter Teppich –
ich habe viel erlebt und erfahren. Heute weiß ich, dass alles,
was geschah, einen Sinn hatte. Ich bin dankbar für diese Fülle.

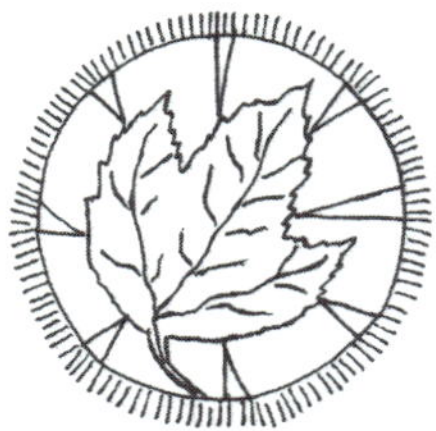

NOVEMBER

21.

An diesen grauen Tagen ist es besonders wichtig, mir etwas Gutes zu tun. Heute plane ich mit meiner Familie oder mit Freunden einen Theaterbesuch.

NOVEMBER

22.

Heute will ich eintauchen in die Welt der Kindheit.
Ich mache es mir auf dem Sofa gemütlich
und lese mein Lieblingsmärchen.

NOVEMBER

23.

Auch ein einfaches Gericht kann ein Festessen sein, wenn ich es schön anrichte. Heute stelle ich Kerzen und schönes Geschirr auf den Esstisch – da schmeckt selbst Rührei köstlich.

NOVEMBER

24.

In einem Monat ist Heiligabend. Dieses Jahr will ich meine Besorgungen für Weihnachten gut planen und rechtzeitig damit anfangen.

NOVEMBER

25.

Heute will ich Ballast loswerden. Ich sortiere Geschirr, Bücher oder Kleidung aus und trenne mich von Dingen, die ich nicht mehr brauche.

NOVEMBER

26.

Schon lange wünsche ich mir, einen Tanzkurs zu machen.
Heute frage ich meinen Partner, meine Partnerin, ob wir uns
diesen Winter das Vergnügen gönnen.
Das wäre doch ein schönes Weihnachtsgeschenk!

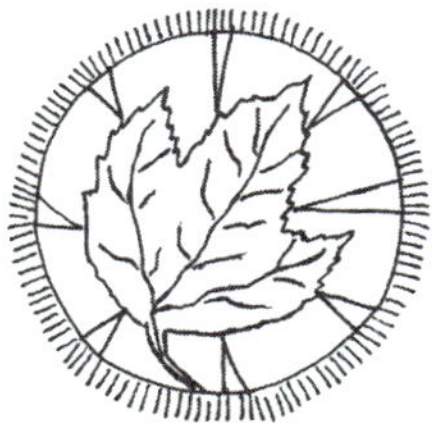

27.

Wenn es draußen nebelig und trüb ist, sorgt drinnen
ein schönes Duftöl für wohlige Atmosphäre.
Heute kaufe ich mir einen Duft, der mir angenehm ist.

NOVEMBER

28.

Was gibt es Schöneres an diesen Tagen, als ein ausgiebiges Wannenbad zu nehmen? Kerzenschein, entspannende Musik – das ist mein Verwöhnprogramm für heute abend.

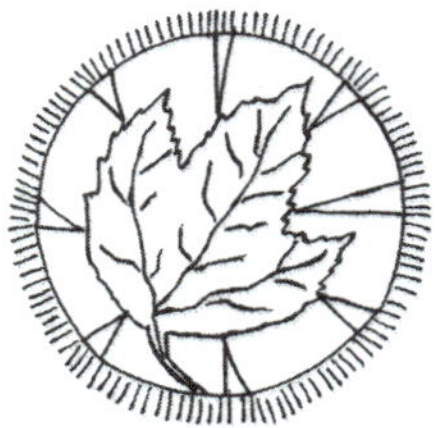

29.

Heute überlege ich mir, wie ich dieses Jahr Weihnachten feiern will.
Vielleicht mal ohne Geschenke-Rummel? Statt dessen könnten wir
eine Nachtwanderung machen, gemeinsam lesen und singen.
Ich will mich mit meiner Familie beraten.

30.

Eine der schönsten Weihnachtsvorbereitungen ist Plätzchen backen, besonders mit Kindern. Heute plane ich, wann ich mit meinen eigenen Sprößlingen oder mit den Enkelkindern backe.

NOVEMBER

1.

Nicht der Schmied schmiedet das Glück, sondern der der es will, schafft es sich.

Volksweisheit

Die Aufgaben, die mir heute gestellt werden, will ich zügig aber ohne Druck anpacken. Ich kann nur das Werk eines Tages schaffen, den Rest mache ich morgen.

2.

Heute achte ich auf meine Gesundheit.
Ich sorge dafür, dass ich mich ausreichend bewege,
vernünftig esse und genügend Pausen habe.

DEZEMBER

3.

Advent ist die Zeit der inneren Einkehr.

Ich will mich heute abend in einen gemütlichen Sessel setzen, eine Kerze anzünden und den Tag Revue passieren lassen.

Vielleicht mache ich das jetzt jeden Abend.

DEZEMBER

4.

Traditionell holen sich Menschen heute Kirsch-
oder Forsythienzweige in die Wohnung und stellen sie in eine Vase.
Ich will das auch machen und freue mich auf Weihnachten –
dann blühen die Zweige.

5.

Heute mache ich nur das Allernötigste. Ansonsten habe ich frei.
Zeit, um Musik zu hören, spazieren zu gehen,
mich ins Bett zu legen und zu dösen.

D E Z E M B E R

6.

Heute verordne ich mir Ruhe.

Weder drängen mich Hausarbeiten noch lockt der Fernseher.

An diesem Abend gehe ich zeitig zu Bett.

7.

**Alles, was ich heute angehe, will ich gerne und mit Begeisterung tun.
Spüre ich Unlust, dann erforsche ich, woher sie rührt
und entscheide dann, wie ich damit umgehe.**

D E Z E M B E R

8.

Gut ausgeruht und wohlgelaunt beginne ich diesen Tag. Ich nehme mir Zeit für ein gemütliches Frühstück und lese in aller Ruhe die Zeitung.

DEZEMBER

9.

Heute gehe ich liebevoll mit mir um.
Ich lobe mich für jeden Erfolg,
und sei er noch so klein und unbedeutend.

D E Z E M B E R

10.

Vorweihnachtszeit – oft jagt eine Feier die nächste,
und oft wird das Schöne dann anstrengend. Heute entscheide ich,
zu welchen Einladungen ich wirklich gehen will
und auf welche ich lieber verzichte.

DEZEMBER

11.

Heute beobachte ich die Natur in ihrer Winterruhe:
die kahlen Bäume, die braunen oder vielleicht schneebedeckten Felder.
Alles Leben braucht Phasen der Ruhe,
um wieder wachsen zu können – auch wir Menschen.

DEZEMBER

12.

Heute will ich die Aufgaben, die sich mir stellen, v
on ihrer positiven Seite sehen: Es ist gut, dass ich gefordert werde.
Im Tun sammle ich Erfahrungen und wachse daran.

D E Z E M B E R

13.

Heute glaube ich an mich. Das gibt mir die Kraft, eine in mir schlummernde Fähigkeit kennen zu lernen und sie im Laufe der Zeit zur Entfaltung zu bringen.

14.

Den Menschen, die mir nahe stehen,
begegne ich heute mit Liebe, Aufmerksamkeit und Respekt –
so, als würde ich sei neu kennen lernen.

D E Z E M B E R

15.

Ich bin verantwortlich für mein Leben.
Heute weiß ich, dass ich nur an meiner eigenen Veränderung arbeiten kann. Einen anderen Menschen kann ich nicht verändern.

D E Z E M B E R

16.

Ich bin heute voller Hoffnung – und hoffen heißt für mich,
den Weg zur Entfaltung, Entwicklung und Reifung
immer offen zu halten.

DEZEMBER

17.

Heute mache ich einen Plan für die kommenden Tage.
Einer der wichtigsten Punkte auf diesem Plan ist,
jeden Tag Zeit für Muße, Zeit für mich vorzumerken.

DEZEMBER

18.

Ich höre heute aufmerksam auf meine innere Stimme.
In der Verbundenheit mit mir gehe ich beseelt durch den Tag
und fühle mich abends erfüllt und glücklich.

DEZEMBER

19.

Glück ist ansteckend. Heute suche ich Nähe
zu optimistischen Menschen.
Ich öffne mich ihrer Zuversicht und Lebensfreude.

DEZEMBER

20.

Wie auch immer ich zu Geschenken stehe – heute weiß ich:
Die Größe sagt nichts über die Qualität;
und eine Gabe von Herzen wiegt mehr als viele Geschenke.

DEZEMBER

21.

Heute achte ich auf das alltägliche Glück:
Ein herzliches und offenes Gespräch mit meinem Partner,
meiner Partnerin erfüllt mich mit Liebe und Dankbarkeit.

DEZEMBER

22.

Hat mich – trotz bester Vorsätze – der Stress doch eingeholt?
Dann steige ich heute aus dieser Hektik aus.
Vielleicht entspannt mich ein Gespräch mit einer guten Freundin,
vielleicht ein Nickerchen oder ein Spaziergang.

DEZEMBER

23.

**Heute will ich die Schönheit in allen Menschen
und allen Dingen sehen. Genau und mit Liebe zu beobachten –
darin offenbart sich das Geheimnis des Lebens.**

DEZEMBER

24.

Heiligabend – heute will ich den Alltag hinter mir lassen,
meine Erwartungen klein halten und zusammen mit den Menschen,
die mir nahe stehen, feiern.

DEZEMBER

25.

Heute trage ich Sorge für mich selbst. Ich besuche Freunde,
wenn ich gesellig sein will und ziehe mich zurück,
wenn ich Ruhe brauche.

DEZEMBER

26.

Jetzt ist die dunkle Zeit, sind die kürzesten Tage des Jahres.
Mit Kerzenschein bringe ich heute warmes Licht in meine Wohnung.

D E Z E M B E R

27.

Wie kann ich mich verwöhnen, wenn ich erschöpft bin?
Heute setze ich mich hin und schreibe eine Liste mit Dingen,
bei denen ich auftanken kann: ein Fußbad,
ein Stück Kuchen ohne Reue, Arbeiten im Freien.

DEZEMBER

28.

Eine Reihe neuer Erfahrungen erwartet mich heute.
Ich werde sie wahrnehmen und daran wachsen.
Heute bin ich einverstanden mit mir und meiner Umgebung.

DEZEMBER

29.

Heute will ich für meinen Körper etwas Gutes tun. Ich gehe schwimmen, in die Sauna, mache einen langen flotten Marsch und fühle mich hinterher richtig wohl.

DEZEMBER

30.

Heute lasse ich die Zügel etwas lockerer und werfe alte Normen über Bord und freue mich, so zu sein, wie ich bin.

DEZEMBER

31.

Das Jahr geht zu Ende. Heute will Rückschau halten –
was war schön, was war mühevoll?
Mit meinen Vorsätzen für das kommende Jahr
will ich maßvoll und realistisch sein.

DEZEMBER

Die Deutsche Bibliothek – CIP-Einheitsaufnahme

Ein Titeldatensatz für diese Publikation ist bei
Der Deutschen Bibliothek erhältlich.

Umschlaggestaltung: Daniela Meyer, Pattloch Verlag
Illustrationen: Silke von Jan-Möller
Gestaltung der Innenseiten: Renate Lehmacher, Friedberg (Bay.)
Druck und Bindung: Wiener Verlag, A-Himberg
Printed in Austria

ISBN 3-629-01112-8